광화문

광화문

김
석

- 광화문光化門의 光化는 문화의 꽃과 열매로써 光華의 뜻이다.
- 재운 빛이란 여자가 시집 갈 때 가마 안에 간직해 갔던 질화로나 청동화로의 '잿속불씨'요, 솟는 힘이란 여자가 차츰 어머니로 성숙하면서 가정을 일구고 가문과 나라를 빛나게 하는 '숨어솟는' 숨틀의 상징이다.
- 지금 우리의 이 지경은 광화 마음으로 눈 뜬 사람이 문을 지키지 못해서 어짊, 묶음, 옳음, 앎이란 네 매듭, 광화 문틀을 만들었지만, 나고 들 때면 물불처럼 부딪쳐 끄고 갈라 찢는 몰골이 되고 말았다.
- 재운 빛, 솟는 힘의 얼꽃 터로 광화문 시들 속에 내 봄 여름 가을과 겨울 문턱에 이르기까지 삶 안팎의 지, 정, 의를 흔들어 묶고 담았다. 시의 지도리는 光華의 결실로 세종 이도 님과 충무공 이순신을, 그리고 지금이 있기까지 경제를 닦아 세운 중수中樹 박정희 대통령을 근간으로 하였다.

광화문

시인의 말 — 6
광화光華 광화문

prologue — 13
올림의 노래

재운 빛 솟는 힘 — 21
가슴의 노래

epilogue — 215
세움의 노래

시인의 말

재운 빛 솟는 힘, 광화光華 광화문

　광화문의 광화는 문화의 꽃과 열매로써 광화光華의 뜻이다. 즉 '얼꽃' 터전이란 말이다. 문은 광화의 힘으로 국운을 기르고 펼치기 위해 수장守藏되어 있어야 함과 힘의 지도리樞이다. 그러므로 광화문은 수장했음과 수장되어 있음에서만 가능한 문틀이다. 너와 나 재운 빛 솟는 힘의 숨터요, 문화의 틀, 곧 **'옷틀'**이 광화의 마음이다. 광화의 문은 민족이 민족으로 존재하는 얼을 품고 여닫는 원천이요, 시종과 종시終始의 상징이다.
　비유컨대 재운 빛이란 여자가 시집 갈 때 가마 안에 간직해 갔던 질화로나 청동화로의 **'잿속불씨'**요, 솟는 힘이란 여자가 차츰 어머니로 성숙하면서 가정을 일구고 가문과 나라를 빛나게 하는 **'숨어솟는 숨틀'**의 상징이다. 훈민정음 창제정신과 말씀 속에는 이런 문화의 숨틀인 빛, 힘, 숨이 수장되어 있다. 나는 시집 광화문에서 이런 나라의 얼과 꼴이 이어지고 어울려야 함의 터로 광화의 문을 보려고 하였다. 즉 이런 광화 마음의 꽃과 열매가 시인의 '**꿈틀**'이어야 하고 진정 민족 국가를 경영하는 일꾼들이 붙잡고 나아가야 할 꿈틀거림으로 터진 지평이어야 한다는 생각이었다. 광화문 연작시들을 위해 구상하고 자료를 모으며 묶기까지 3년 넘어 걸렸다. 하늘이 도운 것일까, 2010년 광복의 절기에 맞춰 광화문이 본래 자리를 찾아 중수重修가 완료되었고, 나의 작은 생각의 뜻을 담은 시들 또한 1차로 탈고되었다.

　동짓달 나뭇가지 잎 진 틈새로 하늘을 올려 본다. 반만 년 민족이란 나무둥치를 붙들고 만져 본다. 딴은 분단민족으로 오늘이 있기까지 '장莊타'는 생각이다. 중화中華라는 문화의 힘에 주변국이나 민족들은 함몰되었거나 난파된 상태에 놓여 있다. 그러나 우리민족만은 나랏말 훈민정음이 있어서 정鼎을 걸고 버티어 왔다. 지금껏 잘린 허리 조국이지만 '**옷틀나라**(문화)'로 버티어 온 것은 우리문자 정음의 성정으로 'ㄱ**온**時中'을 붙잡은 점심點心 마음의 사람들이 있었기 때문이다.

지금 '우리민족끼리'라는 구호 아래서 남과 북, 남과 남은 화염처럼 마음들이지만 머잖아 우리말글 빛마음으로 오르내리는 날이 꼭 오고 와야만 한다는 신념으로 이 시들을 썼다. 때문에 나는 민족의 숨터 광화문이 있는 세종로에 나갈 때면 정장 모습으로 걸으려 애를 썼고, 혹간 옷이 자유스러운 때도 여밈과 저밈의 마음으로 민족의 문틀인 광화 길을 걸었다.

나는 광화문의 시들 속에 훈민정음 예의例義의 독립, 자유, 민본 정신이 스미고 박힌 405자를 우리의 경전으로 하자는 마음을 깔아 글을 쓰려고 했다. 왜냐하면 국토의 크기에 관계 없이 경전이 있는 나라와 경전이 없는 나라 사람들의 언행, 수직과 수평으로 생각의 차이를 인류역사는 잘 증명해 오고 있기 때문이다. 참으로 안타까운 마음은 경전이 없었던 우리 경우는 경전의 받아들임과 그것의 해석에도 끼리끼리 줄을 서 왔고 지금도 그 틀을 깨지 못하고 있음이다. 한 스승 아래서 수학하는 문하생의 확대개념이 붕당이었다. 붕朋을 파자해보면 밤길을 갈 때 나는 너에게, 너는 나에게 달과 달빛이 되어준다(月+月)는 뜻이다. 즉 스승과 제자 사이, 계몽과 격몽擊蒙의 뜻이 담겨 있다. 또 당黨은 동아리, 즉 한 스승 아래서 수학한 사람이란 뜻이었다. 그러나 지금의 당은 패거리의 이익만 두고 아귀아귀 큰집에 모인 무리들로 전락되고 말았다.

 지금의 동서남북의 눈을 감은 아집에서 갱신의 길이 있다면 동고서저東高西低의 이 땅에 물길을 내고 물을 모아 흐르게 하는 일이다. 물길을 보면서 물의 생명은 흘러감 속에 불변의 진리, 즉 변역變易의 밥과 법이 있음을 보자는 것이다. 나아가 너와 나는 물갈래나 물결만 아닌, 하늘이 비치는 강을 이루고 동해나 서해 바다로 나아가자는 것이다. 이런 광화로 눈을 뜬 사람들이 나와서 서울의 인. 례. 의. 지를 상징하는 네 대문 출입을 지켜야 너와 나, 나라가 산다. 그래야만 그 문을 출입하는 사람들이 부딪치지 않는다. 지금 우리의 이 지경은 광화 마음으로 눈 뜬 사람이 문을 지키지 못해서 어짊, 묶음, 옳음, 앎이란 네 매듭 광화 틀을 만들었지만 나고 들 때면 물은 물, 불은 불끼리 부딪쳐 끄고 갈라 찢는 지금의 몰골이 되고 말았다. 세계 어느 글자도 우리글처럼 창제정신을 분명히 하고 만든 문자는 없다. 우리글에 우리는 자부심을 가져야 할 것이다.

 한글 창제의 이 근원마음을 붙잡아야 우리가 산다. 때에 성서의 돌아온 탕자를 맞이하는 용서의 마음, 법화경의 궁자窮子인 아들을 길러 맞이하는 사랑하는 법이 다져 씻고 가꾼 광화광장에 뿌리를 내릴 것이다. 나는 이런 우리글 창제의 광화 마음이 남북이나 북남에서 샘물처럼 솟아나와 민족의 마음으로 흐르기를 바라며 이 시들을 썼다. 이것이 하늘의 질서 삼재사상을 본받은 우리말 기본모음 석자의 창제원리요, 여기에 땅의 다섯 요소인 오행의 원칙을 본받아 다섯 발음기관을 본뜬 우리글 자음의 운용원리이다.

　나는 훈민정음에 깃든 빛, 얼, 숨의 사상을 추기樞機로 하여 108편의 시를 독립 혹은 옴니버스 형태로 썼다. 이것은 세계의 지붕 히말라야의 8,000미터 이상 얼음산 꼭대기에서 발원, 갠지스강을 통과 바다에 이르기까지 대략 108의 물갈래들이 대지를 적시는 생명의 물줄기를 생각했기 때문이다. 아울러 시 속에 너와 나를 우리말글 바탕정신으로 잘 여밈이 민족 화해의 길이요, 너와 나를 삼재 오행으로 잘 저밈이 민족 치유의 밑힘임을 붙잡아두려고 했다.

　재운 빛 솟는 힘의 얼꽃터와 지도리는 광화의 처음 결실, 세종 이도 님과 충무공 이순신 그리고 지금이 있기까지 경제 대통령인 중수中樹 박정희를 근간으로 했다. 또 고증언어의 골라 묶음과 시의 율려律呂와 발효를 위해 탈고 뒤 더 기다림이 필요했다. 시의 내용과 형식은 나와 나라의 광화 빛이 뻗쳐나가야 함을 상징, 계단이나 산에 오름처럼 울림을 점층적 배열을 하면서 더러 점강漸降의 방법도 썼다.

또 시어들의 고증을 위한 주註가 60여 개나 되어서 주역 대성 괘卦 64 수치에 맞췄다. 108편의 시와 64의 주해, 그리고 창제 당시 우리글 자모 28 음운과 17자음을 생각하면서 20개 정도 사진자료를 골라 실었다. 이 시집이 탄생되기까지는 현재 선생님을 따라다니며 나를 열고 뜯어 본 인문학 공부의 지, 정, 의意, 신信이 밑힘이 되었다. 더욱 30년 넘어 지우知友 주원규 시인의 교정, 여러 모습으로 충심衷心, 도움의 말, 수석과 사진자료를 도와 준 이들과 선 출판사 김윤태 형과 스텝들에게 두 손을 모으고 감사드린다.

2012년(단기4345) 8월 15일
일산 풍동 숲속마을 서창 가에서

김 석

prologue
—
올림의 노래

1

단기 4242년 8월 배달민족 내 나라
터진 빛 열매 대한조선 광복 하룻날이다
길이 600m, 폭은 100m 세종로 트인 거리
꾸미고 가꿔 새 마음 문 광화광장을 열었다
맑고 밝은 사람들 흰 옷 겨레 가슴 터 광화문
5천 년 여미고 저며서 *광화光華 한 겨레 얼숨 터
빛틈 거리 세종로 광화, 광화문 광장 씻어 열었다

*
　광화光華 : 빛나는 힘으로 문화의 꽃과 열매를 말한다. 즉 얼의 꽃이다. 그러나 빛은 불火焰로부터 출발하여 광화光火를 거쳐, 얼꽃인 광화에 이른다. 불이 빛으로 터지는 과정에는 반드시 맑은 피가 따라야 한다. 그래서 자유라는 나무는 피를 먹고 자란다고 말한 이도 있지만 나의 작은 생각이기도 하다. 예컨대 하나님의 아들 예수가 사람의 몸을 입고 땅에 내려와 피를 쏟아 빛 사람 섬김의 이치를 몸소 보였음이 광화라는 말이다.
　학문마다 입장이 있지만 유학은 하늘과 땅의 허점까지 깁는 존재가 사람이라 했다. 됨과 ~다움의 사람을 성현이라 했다. 이런 사람의 빛 마음에서 창제된 것이 우리글 훈민정음이다. 사람의 잠재력으로 본다면 여자가 시집갈 때 가져가는 불씨가 '재운빛'이요, 차츰 어머니로 성숙하면서 집안을 정돈, 가문과 나라를 일으키는 '솟는힘'이 광화다. 이것이 우리글 정음의 근본마음이다.
　노자는 왕과 선생은 나라의 어머니라 했다. 이런 이들의 삶을 "봄이 오니 꽃이 피는 것이 아니라 꽃이 피니 봄이 온다."고 한다. 사람이 귀하고 사람이 문제의 중심에 놓여 있다는 뜻이다. 이것이 지금 남한에 적용할 때 일제로부터 해방, 6.25 이후 60여 년 만에 이룩한 분단 독일의 '라인 강의 기적'에 비견 '한강의 기적'의 내적 원동력이 된 광화정신이다. 그러나 지금 독일은 하나가 되었지만 우리는 아직 그렇지 못하다. 이유는 그들은 불(잘) 마음과 함께 빛(옳) 마음을 바로 알고 붙잡았기 때문이다. 나는 이 빛 마음인 광화정신을 남북이 함께 붙들고 펼쳐야 함을 시의 근간으로 설정하였다.

2

어둠 씻어 내려오는 태초 불길이 광光이다
*화化는 여미고 저미었던 빛마음 터져 솟구치는
샘물처럼 솟고 솟아남의 우리들 꽃얼 마음이다
나는 네 문짝이 되고 너는 내 문설주가 되는 마음
너는 수 돌쩌귀 몸이고 나는 문짝 암 돌쩌귀 되고
나는 네 두 손발 **몸맘에 푸름으로 물길이 되고
너는 내 가슴 환한 **맘몸 다독여서 불길이 되자

*

化 : 光(道)보다 化(德)라는 '됨'의 중요성을 먼저 생각했다. 왜냐하면 광화문의 뜻에는 왕의 큰 덕이 온 나라를 비춘다는 의미를 담고 있기 때문이다. 즉 왕은 자리가 중요한 것이 아니라 하늘 질서인 도를 본받아 땅의 덕으로 ~됨(행위)이 더 중요하다는 뜻이다. '化'는 본래 장주의 남화진경 소요유의 핵심어이다. 장주는 化를 만물이 안아 주고 안김으로 귀화라 했다. 이것이 그가 말하는 무위자연이다. 작은 생각이지만 무위란 있음의 어미(母)가 없음의 어머니(毋)로 성숙, 집안과 나라는 상승시키고 자기는 가라앉음이란 뜻이다. 化란 존재가 물량만이 아닌 질적으로 바뀌어 오름이다. 물고기의 알인 곤鯤이 변해서 붕鵬이 되는 것을 化라 했다. 즉 너와 나의 물량으로 삶이 가벼운 수증기가 되는 질적인 상승이다. 소나 돼지가 많다고 나라가 잘 되는 것이 아니라는 말이다. 이것이 장자가 말한 化의 바른 이해다. 성서는 이것을 가말리엘 문하 사울이 변하여 예수의 제자가 바울이 되었다고 한다.

필자는 퇴계평전의 머리말에서 북쪽은 어렵겠지만 우리 남쪽부터라도 서로 편들어 싸우지 말고 禮에 맞춰서 북쪽과 만날 때면 남북이라는 칭호를 씀이 좋지 않겠느냐는 말을 했다. 이런 ~으로부터 벗어나고 솟아나는 배려의 예절이 조국을 형제로 보는 통일의 견해를 뛰어넘은 부모로 보는 귀일의 관점이요, 化의 실현으로 귀일이란 삶의 성숙한 자세이다. 또 化라는 말에는 얼음을 녹이는 봄바람이란 뜻이 배어 있다. 이런 잉태의 마음에서 광화라는 꽃과 열매가 탄생된다. 이것이 경전을 품고 사는 민족과 사람들의 마음 씀이요, 꽃봉오리처럼 하늘에 올라 터짐으로 숨틈이요, 광화문이 있어야 함으로의 이유면서 이치다.

**

몸→ 맘, 맘→ 몸, 맘↔몸 : 귀일이란 3단계이다. 몸이 먼저 마음이 다음이라는 생각을 利己利 혹은 爲人之學이라 한다. 우리사회에 만연한 이기주의 마음이다. 그러나 맘 먼저 몸은 뒤에 두는 마음이 利己他之, 爲己之學이다. 이것이 이타주의 마음이다. 앞의 것이 맹목 아이들의 마음이요, 뒤의 것이 '얼튼이' 부모와 스승의 마음이다. 앞의 것이 화염의 불 마음이라면 뒤의 것이 광화의 빛 마음이다.

利의 파자는 잘 익은 벼(禾)에 낫(刀)을 댄다는 뜻으로 가을 맛 즉 가을걷이를 가리키는 좋은 말이다. 필자가 시 속에 제시한 맘 먼저 몸 뒤의 '됨과 다옴'으로, 얼 숨으로 사람의 성숙함이다. 이 '맘 몸' 3단계 '바로 섬'의 비유는 한글로 철학하기의 유영모 선생과 김흥호 선생의 가르침을 원용한 것이다.

3

너는 나에게 갈봄 붉은 열매 눈빛 마음
나는 네게 새벽 정화수 찰랑 찰찰 맘몸이다
내 속 너에 대한 어혈과 무쇠덩치처럼 빗장마음
너 또한 나에 대한 실오라기처럼 헝클어진 피 마음
얽히고설킨 몸과 맘들이 둥둥 북 가락 솟아서 만나는
광화문은 너와 나 푸른 꿈밭이요 함박웃음 터전이 된다

4

*새로 꾸미고 가꿔서 숨터 광화문

우리 눈과 귀가 광화 아침문짝이 될 때에

새벽이 열리고 밤이면 별빛 내려와 닫히리라

몸 맘 아닌 맘 몸으로 너와 내가 어울릴 때에

화염덩이 너와 내 마음 몸은 화엄華嚴 거울이 되고

동남서북 얼꽃 사람들 팔만사천 화엄 말씀 터지리라

그 때에 광화문은 광복 그 날 옥문이 열리었듯 열리리라

*

새로 ~ 光化門 : 광화문은 본래 조선왕조의 법궁法宮인 경복궁의 正門이다. 경복궁과 함께 조선 건국 직후인 1395년(태조 4년)에 건립되었다. 건립 당시의 이름은 四正門이었으나 1425년 세종 7년에 광화문으로 바꿨다. 왕의 큰 덕이 온 나라를 비춘다는 뜻이다. 우리민족은 이런 '밑힘마음'을 가지지 못해서 광화문을 짓고도 허물어짐의 아픔을 되풀이하는 과정을 겪어야만 했다. 다음은 광화문으로 상징되는 나라와 조정이 세워지고 넘어졌음의 개략이다.

① 임진정유 왜란 중에 소실되어 270여 년 자취를 감추었다. ② 1865년 (고종 2년) 흥선대원군이 주재, 백성들의 원성 속에서 경복궁을 복원하면서 광화문도 함께 복원 중축하였다. ③ 일제 강점기에는 日字를 본뜬 조선총독부 건축으로 경복궁 북문 쪽으로 옮겨졌다. ④ 6.25 동족상잔 전쟁 때 목조로 된 다락 부분이 소실되었다. 1968년(박정희 대통령 시절) 석축은 그대로 두고 윗부분만 철근콘크리트로 복원했다. ⑤ 2006년 12월 4일 용마루 취두鷲頭 철거로 본래 장소와 모양으로 복원공사가 시작되었다. 복원과 중축을 거치면서 틀어지고 옮겨진 부분을 경복 법궁, 근정전, 흥례문, 광화문의 일직선 모습으로 바로잡았다. ⑥ 2010년 8월 15일에 본래 제 자리, 1865년 본 모습대로 광화문으로의 탄생이었다.

독립유공자들과 이명박 대통령, 오세훈 서울시장 등이 참석 개문식開門式을 가졌다. 이 일의 앞에는 신응수 대목장이 중심이 되어 광화문이 본래 있었던 제자리를 고증, 바로잡아 역사적인 중축을 완성하였다.

빛의 탄생, 손영은 作

재운 빛 솟는 힘
-
가슴의 노래

1

세종로 재워 솟는 빛 광화문 거리는
나라 아침과 말씀 하루가 열리는 곳이다
꿈과 넋이 어울려 숨 쉬며 사는 얼 터전이다
태평로 나라 한결 뚫리기를 간절함으로 *광화문光化門
국태민안 선한 덕치로 나라는 덩실덩실 춤사위이기를
우리 모두 한 맘 몸 되기를 두 손 모아 빛 문 세워 열었다

---

*

光 : 불만 내뿜는 빛이 아니라 불을 품은 빛이란 뜻이다. 이것이 광화이다. 우리 시인들도 '~부터 당했음'이란 의식과 ism을 위해 충동하는 불을 쓴 시들은 많았지만 불을 안은 빛을 쓴 시들은 많지 못했다. 전통 없는 미국을 떠나 영국으로 귀화했던 시인 엘리엇의 말이다. 스무 살이 넘어도 시인으로 남기 위해서는 제 나라의 전통과 역사의식을 가져야 한다고 했다. 민족의 전통과 역사의식이 불을 담은 빛 그릇이 민족시의 본령인 것이다. 안타까운 일은 의로운 빛으로 땅에 오셨다는, 입으로는 예수를 말하는 사제들도 그들이 추구하는 형이상의 세계를 말할 때나 사회와 현실을 말할 때도 '빛숨'에 대한 증거가 아니라 눈에 보이는 물질추구나 성서 묵시록에 나오는 용가리처럼 불과 불안만을 뿜는 말을 뱉는 경우가 많아서 참 안타깝다.

나는 우리 역사에서 불을 품고 그 불마음을 빛으로 올리려고 애쓰며, 빛으로 선 사람들을 그리워하는 글을 써 보려고 노력해 왔다. 내 미련함으로 진척은 더디지만 퇴계의 경敬과 학행일치 삶에 대한 시적 탐구도 이 광화 마음을 찾는 일이라 다짐하면서 최선을 다하고 있다. 사람 몸은 갈대에 붙은 불이다. 순간적 존재지만 영원이란 불빛을 품고 여미며 살아가야 하는 존재다. 이 길을 보여주며 걷는 것이 시인이요, 어머니와 아내요, 대통령이라는 직책이다. 우리말 아내의 표기가 15c는 '안+해'이었다. 집안에서 아내와 어머니는 光華, 즉 해와 햇살 같은 빛의 존재라는 뜻이다.

2

광화光華 광화문 거리는
화염으로 몸 맘 너와 내가
새벽이슬 모시듯 맘 먼저 몸은 뒤에
방긋방긋 차곡차곡 올리는 꿈 힘 거리다
모시고 받들며 한 맘 두 손으로 붙잡아야 할
오천 년 내 나라 백두에서 한라까지 넋들 벌판
220,258Km 제곱 평방 깨끗 넋 복판 갈봄 땅이다

산자수명 옥빛 하늘 강산 금수라지만
내 나라는 국토의 70%가 산인 박토이다
박토에 뿌리 내려 견딘 천 년 솔 향으로 땅
오늘 너와 내 나라 지금 북과 남을 이루었다
조선 600년 청사 두리기둥에 버선코 추녀 광화문
여윈 뿌리 박토 땅이었지만 하늘 정기 곧게 받은
붉은 둥치 옹이 깎고 다듬어 소나무 본래 하늘마음
빛이 되어 내리기를 한 맘과 두 손 목마름 받들어서
재운 빛 솟은 힘 그리워서 금강석처럼 마른 뼈 솔가지
금강송金剛松 뼈마디 다리어 금강 현판과 광화 문짝 달았다

3

삽과 곡괭이 땀과 피멍울 네 손바닥
나는 구릿빛 어깨, 때로 분노와 자괴自愧
흐느낌 천둥, 어둠 속 눈물로 빚은 역사
눈물 손발 여미고 저며 무궁화 피는 숨터
흰 옷 더욱 다리고 우러러 광화*문을 세웠다

* 門 : 출입문이면서도 너와 나의 마음 문이다. 나는 퇴계의 성학십도를 현대화하는 문제에 마음을 담아 공부하고 있다. 또 선생의 생활 속 敬을 생각하면서 내 행동거지를 바라보고 바로잡는다. 선생은 조정에서 부를 때나 또 나아갔을 때에 78번이나 상소문을 올리고 안동의 예안으로 물러나 선생 속의 불 마음을 성현의 말씀 빛으로 추스르면서 살다 간 사람이다. 선생은 너의 현존재는 '됨으로 너다'라는 말씀을 필자에게 심어 주었고, 내면의 나를 붙들어 보게 한 이 민족의 큰 스승이요, 작은 몸 맘의 내가 사숙私淑하는 참 스승이다.

4계절이 분명했던 우리나라는 봄, 여름, 가을, 겨울을 원형리정元亨利貞이라 생각했다. 이것이 사람에게 적용될 때는 仁(元)禮(亨)義(利)智(貞)이라 하는데 조선은 이를 상징한 문을 경복궁이 있는 한양의 동남서북 보신각 종 소리 고루 들리는 곳에 세웠다. 사방으로 터진 4개의 문을 만들었지만 우리 조상들은 4대문 안에서 2파로, 국난의 때면 4파 8파로 갈라져 싸웠다.

연기煙氣, 緣起만 요란했다. 먼저 내 몸의 70%가 물기임을 알고 물기인 내가 빠져 나가야 나라가 되는데, 처음 2파로 동서분쟁은 차츰 4, 8로 나뉘어 싸웠다. 지금 북한을 두고 극한대립하는 모습과 비슷하다. 지금도 임란 그 때나 후삼국 때의 잔상殘像, 역사의 질고와 때(垢, 時)를 벗어나지 못하고 있다. 4대문이 열려 있고 한강에 스물여덟(2012년 1월 현재) 다리가 놓이면 뭐 하겠는가, 내가 눈을 감았거나 감고 뜨지 않으려 하기 때문에 부딪치며 계속 싸우고 있다. 통행금지가 있었던 그 때에 아침과 저녁때를 일깨우는 보신각 종 소리처럼, 어머니 나라 분단 60여 년, 光과 化로 광화의 네 문을 열고 닫는 눈 뜬 사람들이 참로 그리운 때(ᄀ온 時中)의 오늘이요, '오! 늘'이다.

4

막힌 생각 눈 뜬 어둠 잠, 깨우고 뚫어
샘물처럼 맑은 빛줄기 훈민정음 우리말
어둠 걷어 터치는 극동 너와 내 나라 아침
한글 속 하늘말씀 빛 터지듯 사람 길 열었다

세종로는 *존재를 존재답게 하는 언어 집 거리다
빛 알을 머금은 김알지처럼 우리들 광화문 마음은
말씀 아침을 품고 점심 저녁까지 사통팔달 초파일
연꽃 올리면서 받은 맑은 마음, 숨이 터지는 거리
빛 알 이고 진 사람들이 오가는 신단수 터의 거리다

---

*

존재를 ~ 집 : 한강에 28개의 다리들이 놓이고 여의도 오가는 길에는 더욱 단단한 다리가 놓였다. 여의도는 본래 모래섬이었다. 성서의 모래 위에 세운 집임을 24시간 잊지 말자고 24기둥을 박아 국회의사당을 모래섬 위에 세웠다는 것이 나의 생각이다. 그리고 하늘 본뜬 우리 모음 아래 아· 모양으로 지붕을 삼았다. 또 건물은 동남서북 땅을 본뜬 4각으로 만든 즉 天圓地方, 議政의 집으로 나는 해석하고 있다. 즉 나라가 옳고 넓게 오르기를 위하여 둥근 알처럼 입을 모으고 그 빛과 힘이 동남서북 仁禮義智으로 붕새처럼 나라가 하늘로 오르기를 바라면서 지은 집이란 나의 생각이다.

하여 작은 올鯤 내가 천명을 알고 나의 일을 알아 붕처럼 나와 너를 알고 알리라고 둥근 지붕을 만들어 일꾼을 모았다. 그러나 지금 그 안 사람들은 어떤 몰골인가. 모래알처럼 당으로 모여서 나와 너, 네 무리와 내 무리의 뒷거래 그리고 낮밤 '너 때문이야' 상앗대질과 쌈박질을 운명처럼 되풀이하고 있다. 天命을 알고 나아감이 사람으로 성숙함인데 거저 약소민족의 특징인 '너 때문에'를 손가락질하며 모래알 말들만 물고 씹고 뿌리면서 운명을 속죄양인 양 거들먹거리고 있다.

나를 바로 알고 나라 일에 힘쓴 사람이, 사람은 운명적 존재가 아닌 天命으로 사는 존재임을 아는 사람들이었다. 운명이 자연에 순응하는 삶이라면 天命은 곤鯤인 내가 붕이 될 수 있음을 알고 사는 사람들의 태도다. 이것이 시 광화문에서 내가 생각하고 말하려고 하는 지금까지 光과 化의 이치를 붙잡고 살아온 민족의 지도리格 사람들이었다.
　나는 이런 된 사람들을 지도리로 하여 글을 쓰려 애썼다. 내 좁은 사관이길 바라지만 조선의 세종대왕과 충무공이 5,000년 1,825,000날 역사에서 光과 化로 門을 여닫고 눈을 떠 문을 지켰던, 불을 품어 빛을 만든 얼 튼 사람이었다. 또 퇴계는 불씨를 도산서당이란 화로에 묻고 스스로 넋 둘레를 알아 물러나기를 원했던 사람이었다. 다산은 理氣一元과 二元이 접근방법은 다르지만 결국 하나라는 '올'을 알고 정의를 내린 빛 사람이다. 박정희 대통령도 유신헌법이 欠이었지만 영산홍 피던 때면 훌쭉 배와 허리띠를 움켜잡았던 결핍缺乏을 걷어낸 우리 역사상 불을 품고 빛으로 살아간 요인을 충분히 가졌던 사람으로 나는 보고 있다.
　70년대 인혁당 사건의 보도가 동아일보에 실리고 한 학생의 이 기사에 대한 나의 견해를 묻는 질문이었다. 나는 그 때 그 아이의 물음에 "침묵의 시대에는 유언비어가 더 정직한 것이다." 라는 말로 답을 했다. 그 일로 나는 동래경찰서 정보계 형사를 만나야 했다. 이후로 나는 부산의 송도에 있었던 복음병원장 장기려 박사님의 초대로 서울에서 씨올을 발간했던 함석헌 선생이 오는 때면 그 모임에 참석했었고, 장기려 박사님이 시작한 '청십자' 의료보험의 일에도 조금 관여하였다.
　서울에 올라와서 유영모의 제자로 김홍호 선생과 함 선생의 두 '씨올'의 길을 보고 알게 되면서 함 선생 쪽보다 현재 김홍호 선생 쪽으로 내 생각의 틀을 바로잡았다. 왜냐하면 씨올은 성서 요한복음의 밀알(실존)을 우리말 얼꼴로 바꾼 말이었기 때문이다. 한글로 철학하기 다석 유영모 선생은 씨올을 하늘마음을 품고 살면서 또 너와 내 속의 하늘을 보는 사람이란 뜻으로 풀었다. 즉 사람의 삶을 운명적인 존재만이 아닌 천명인 존재로 파악했다는 뜻이다. 나는 이런 유영모 선생의 인생관과 김홍호 선생의 우주관이 좋았기 때문이다. 다석이 말한 天命이란 서구의 철학에서 말하는 유신론적인 실존철학이요, 성리학으로 볼 때는 내 맘대로 라는 爲人之學에 앞서서 爲己之學으로 나를 먼저 살펴보고 문제를 나에게서 찾는다는 뜻이다. 즉 나의 나됨과 나다움부터 먼저 붙잡는다는 뜻이다. 이것을 민족예술에 적용해본다면 내 작은 죽음을 넘어서서 새로운 모습의 나에게 나를 넘기는 정반합의 개념으로 문화의 동적 형성력이다.

5

내 나라 임금 집 안위함은
오척 단신들도 넘을락 말락 한
서구 성들처럼 드라큘라 벽이 아닌
육척 키면 훌쩍 넘는 경복 돌담이었다

속에서 됨과 사람다움으로 임금님 자리는
근정전 남쪽 창가에 서거나 단정함으로 앉아
떳떳 밝음으로 밖을 보는 창밖 마음이어야 했고
백성 안팎을 맞는 *군자남면이 임금의 바른 위치였다
육조나리들은 갑론을박 옳음과 떳떳 광화 경쟁으로
백일장 때면 시법으로 올린 정법政法 정음 말씀이었다

---

*
　君子南面 : 어진 왕은 적재적소에 인재를 고르게 등용하고, 仁의 실현을 위해 힘쓴다는 말이다. 우리 경우 王은 경복궁 근정전이나 궁 남쪽 창가에 기대어 나라의 소리를 본다(觀音)는 뜻이다. 소리를 듣는 단계를 넘어 소리를 보아야 문제가 사라지거나 해결된다. 민주화 이후 두 김 대통령, 좌파 노 대통령의 컴퓨터 앞에서 미묘한 웃음, 그리고 우파의 ceo라는 이 대통령의 회의를 주재할 때면 먼저 손을 휘둘러 들었다가 놓고 서두르는 표정 등. 지금까지 누구도 청와대 남쪽 창가에 턱을 괴지는 않더라도 서거나 앉아 밖을 보며 생각에 잠긴 모습을 신문이나 T. V에서 본 기억이 나에게는 없었다.

성리학의 요체는 天地人 三才다. 天은 우주관이요, 地는 세계관이며, 人은 인생관이다. 삼재 중 가장 중요한 것을 사람으로 보았다. 또 사람을 사람이게 하는 것은 그가 앉아 있는 자리다. 인사가 만사라고 하지 않는가, 君子南面은 임금이 인재를 두루 뽑아 잘 배치하고 나라와 백성을 통어함이 햇살이 따사로운 남쪽 창가처럼 해야 한다는 뜻이다. 우리말 모음의 기본자 ·, ㅡ, ㅣ 는 이 三才의 이치를 본떠 만든 것이다. 특히 3을 완전 숫자라고 하는 것은 1이라는 양과 2라는 음의 합이 3이기 때문이다.

'ㅣ'라는 중성모음은 사람이 있어야 할 자리에 반듯하게 서 있는 모습이면서 하늘인 '·'와 땅인 'ㅡ'에 자유자재로 붙어 활용되고 활용하는 직능으로 쓰임을 말한다. 이것이 '~됨과 사람다움'으로 사람의 중요성이다. 이것이 성리학이 보는 사람의 본래 입장이요, 이 성리의 배경 아래서 우리글 훈민정음은 만들어진 것이다.

조선시대 성리학에 기반을 둔 정치를 지금 국회처럼 당파싸움을 연상하면 안 된다. 理氣2원론의 안동에 살고 있던 퇴계의 이론에 理氣1원론으로 물음을 걸어온 전라도 광주, 고봉의 서간 어디에도 지금 국회 안의 동·서 중심의 당처럼 서로를 비하하는 전투적인 말은 없었다. 상대를 비하하는 흠과 티가 있었는지 두 분 사이에 오간 事理의 명변과 예법 서찰을 살펴보면 잘 알 것이다.

6

작은 나라 임금일수록 내 몸가짐은 서릿발처럼
하늘 뜻 받아 임금은 어버이처럼 가슴 죄어야 했다
북쪽 오랑캐들 칼바람과 동쪽 왜구들 노략질들 막고
좁은 땅 *세 발 가마솥 걸어 뚜껑 닦아 잘 여닫음
옳은 사람들 고르고 다듬어 적재적소에 바로 세우고
모락모락 아침저녁 더운밥을 백성에게 주어야만 했다
연후 경복도영慶福導迎 궁을 짓고 4대문 여닫음이어야 했다

---

*

　가마솥(鼎) 뚜껑 : 세 발이 달린 큰 가마솥을 말한다. 하늘에 소나 양을 삶거나 태워 제사를 올릴 때 사용했다. 또 고대 농본국가에서 이 가마솥을 걸었다는 것은 나라를 세우고 도읍지를 정했다는 뜻이다. 문헌에 보면 중국 은나라 탕왕 때에 이르러 솥(鼎)은 나라의 건국 및 도읍과 경제적 안정을 상징했다. 또 퇴계가 임금다운 임금이 되라고 선조에게 바친 성학십도의 핵심어도 敬과 鼎이었다. 퇴계가 말한 경과 정은 임금과 나라가 있음으로의 안팎이다. 이 敬(우러름) 字를 퇴계는 그의 학행의 삶에 새겨 하루하루 실천하며 살았다.

　퇴계 선생은 성학십도에서 敬의 파자를 두 귀는 곧게 세우고, 입은 가마솥(鼎)뚜껑처럼 막으며, 신 앞에 서서 두 손을 모은 모습으로 해석했다. 그리고 그렇게 살았던 사람이었다. 경이란 단어는 지금도 종교와 나라 그리고 내가 지녀야 할 핵심을 잘 담아 두고 있다. 이 원리 아래서 우리는 敬天, 主敬, 敬老, 敬畏라는 말들을 이해하고 재해석해야 할 것이다. 이것이 나와 너를 더욱 내것이게 하는 옳음과 '잘 삶'의 조화와 진보로 광화라는 문화의 결실이다.

　본래 문헌 속 유신은 鼎과 敬의 두 측면을 간직 간수함이었다. 중국 주나라의 문왕이 溫故知新으로 나라와 왕위에 오른 나를 지키면서 中華를 확장했던 치국의 법이었다. 문왕이 주장했던 이 중화를 바탕으로 한 유신의 정신은 청나라 말기 서구의 침탈로 풍전등화의 나라를 중화로 일으키려 했던 양개초의 정신이기도 했다. 청나라 말기 학자였던 양개초는 중국의 중화사상을 퇴계가 심화시킨 敬의 정신을 體로 서구의 자본주의를 鼎 즉 밥과 러시아의 공산주의를 그 땔감이란 用으로 수용하려 했던 中體西用의 정신운동을 일으켰던 사상가였다. 또 양개초는 당시 서구의 침탈을 벗어나는 길은 주역의 나무나 물고기가 역逆으로 오르는 생명력에서 중국이 당면한 오늘과 중국인의 모습을 보려고 했다. 이것이 敬과 鼎의 조화로 유신의 근본원리였다.

새로 중수重修한 광화문

7

훈민정음 *405자는 하늘 소리다
천지인 근본 안아 모음 삼위일체
예사 된 거센소리로 삼 단계 자음
하늘 맘 터 붙잡고 우러름으로 잉태한
땅 우러러 골라 딛는 마음으로 탄생시킨
완전 숫자 셋 품은 우리말 정음 예禮 터이다

귓불 따가운 높새바람 막으려 북은 신무문神武門
비바람 몰아오는 동쪽의 샛바람 막으려고 건춘문建春文
하늬바람 서쪽은 영추문迎秋門 마파람 남쪽을 열고 막아
경복도영 근정전勤政殿 곧은 마음으로 광화 두 문짝 달았다

셋 품은 몸↔맘 바로 서고 잡는 법
례禮로 일으키고 일어나야 하리라
근정전과 광화문 사이 홍례문 興禮門
홍례문 앞에 한 마음 터진 터 광화문을
광화 광화광장 한참 또 앞에, 무례한 세태
한 늙은이 불태운 숭례崇禮의 집을 세웠다
가마솥 뚜껑처럼 환난은 닫아걸고 모락모락 저녁 밥상을
광화 아침 보국안민 위해 정음 훈민 얼꽃 두 날개 달았다

*
　훈민정음 405자 : 세종 28년 전 국민에게 반포한 훈민정음 본문 글자다. 훈민정음(4), 국지어음~ 편어일용이(53), ㄱ→ㅇ(135), ㄹㅿ條 (20), 병서條(48), ㆍ→ㅕ(66), 종성→촉급(79)

(이정호 훈민정음 구조원리 29~30쪽)

8

경세제민 안민 치국
경복궁 터를 다지고 네
대궐문 달아 넓게 둘렀다

밖으로는 정토 불국 산문처럼
동쪽은 홍인문興仁門 남쪽은 숭례문崇禮門
서쪽은 돈의문敦義門 북은 숙정肅貞으로 잠가
잠가야 넓고 크게 안다는 뜻의 홍지문弘智門
어짊仁·마땅함禮 ·옳음義 ·앎智의 네 하늘 소리
알리고 마중을 위해 4대문 중간에는 보신普信
보신각종을 수직 수평 퍼지도록 종루에 걸었다

지금도 섣달그믐 자정이면
광화 아침을 열고 부르는 종 소리
제야를 고축하는 보신각 종 소리
인, 례, 의, 지, 푸른 아침
하늘과 땅에 고축하는 사람들 마음
더욱 흔들어 깨워 알리려
서른셋 쇠북 종 소리
600년 한성 첫날 아침 열고 조선
저녁 안온 종 소리로 닫고 종을 울려 열었다

9

너와 나는 빛으로 오르고 싶었다
세종 임금이 걸었던 광화문 마음을
*'비룡飛龍', 봉황鳳凰 활활 나래처럼
**'여섯 나래' 육백 년 조선 사직 고운 꿈
큰 나라 섬긴 600년 내우외환 비바람 구렁텅이
광화 마음 하늘 글 우리말글 품은 광화 시인들도
2010년 광복 맞아 중축 복원한 광화문이 열리기를

용상龍床, 용안, 곤룡포, 수랏상과 매화통만 아닌
짐朕으로 임금 자리는 한여름 뙤약볕 길이었음을
또 그런 길을 지고 갔던 임금이나 대통령의 고뇌를
이슬 가을과 서리 겨울 오는 이치 붓 매 얼음 시를
인례의지仁禮義智 봄여름 가을 겨울처럼 우리말 마음을
베적삼 젖은 사람들 몸과 마음 덮어 주는 몸 마음 시를
제야 보신각 종 소리 동남서북 사람들 가슴을 치듯 시를
우리말 우리글로 내 가슴을 먼저 치는 시를 쓰고 싶었다

*
飛龍 : 주역 64 대성괘 중 전체를 대표하는 괘가 처음 괘인 건위천乾爲天(☰)이다. 하늘이 두 번 겹치는 여섯 괘에 대하여 주나라 문왕이 해석한 단사彖辭다. 단사는 괘의 내용을 해석하는 것이다. 문왕은 건위천의 여섯 단계로 사람의 삶을 대입하였고, 잠룡, 현룡, 군자, 약룡, 비룡, 항룡의 여섯 변화를 거치면서 사람을 하늘로 오르는 존재로 보았다. 그리고 이 이치대로 살려고 그는 노력했다. 이것이 易은 逆이라는 역설의 이치요, 다져지면서 차오름으로 향상일로의 삶의 이치이다.

공자가 그의 일생을 志學, 而立, 不惑, 知天命, 耳順, 불유구不踰矩 6단계의 오름으로 비유해 말한 것도 여기에 바탕을 두고 설계했던 인생구도였다. 이 건위천 여섯 단계의 괘상은 ~다움과 ~됨으로 內聖外王을 겸비한 왕과 사람의 일생을 말한 주역 64 대성괘의 으뜸으로 괘이다. 학자들은 공자를 유학의 종주요, 문선왕文宣王으로 부르게 된 괘로 해석해 왔다.

퇴계가 조정을 물러나면서 18세 선조를 위하여 쓰고 그린 것이 聖學十圖다. 이것 또한 주역의 건위천 괘에 기반을 두고 만들었다. 당부하기를 임금은 백성의 하늘이니 조석으로 살펴보고 덕치를 바란 마음이었다. 그러나 선조는 참 우유부단하면서도 신경질적인 한 사람 범부였다. 그 결과 선조 때 안으로는 동서분당이, 밖으로는 임진왜란 7년이 발생되었다. 이처럼 됨과 다움으로 차오르는 사람이 중요하고 귀한 것이다.

사람다운 사람의 만남이 얼마나 어려웠으면 천재일우니 맹귀우목이란 말이 생겼겠는가. 이 이루어지기 어렵지만 이루어져야 할 당위를 화엄경은 이사무애법계이라 했다. 사람이 중요하다는 생각, 이것이 중국 춘추시대 政正也를 내세워 성인정치를 꿈꾸며 천하를 방황했던 공자의 六龍 철학이요, 정치이념이다. 또 퇴계의 성학십도 정신이었다. 그래서 유학은 사람만이 하늘과 땅의 허점을 깁는 희망임을 말했다. 이것은 인간을 신뢰한다는 참 좋은 관점이다. 세종은 이 하늘 이치를 적용하여 우리 모음 기본자 ·, ㅡ, ㅣ 석 자를 만들고 셋을 합하여 여덟 소리인 ㅗㅏㅛㅑ ㅜㅓㅠㅕ를 만들었다. 하늘과 땅의 허점을 문화의 힘으로 보완하려 하였고, 여기에 직립 사람을 본떠서 만든 우리말 작대기 하나 'ㅣ'의 중요성을 말했다.

**

여섯 나래 : 공자가 그의 일생을 여섯 단계로 나누어 말한 것처럼 이성계의 역성혁명을 합리화한 용비어천가의 제1장의 '해동 六龍이 노ᄅᆞ샤 일마다 천복이시니'도 여기에 근거를 두었다. 세종은 한글을 창제한 후 국운이 육룡으로 오르기를 염원했다. 이런 마음으로 집현전 학사들에게 정음의 실용성 테스트와 더불어 용비어천가 125장을 우리글로 짓게 하였다.

주역의 64괘에서 6효는 괘의 형상이 격물로 펼쳐지는 것을 말하며, 효사爻辭는 6괘에 나타난 격물의 모양을 통하여 나와 나라의 일을 예견하고 방책을 세우는 것을 말한다. 격물의 物에 대한 해석을 주희와 퇴계는 物理와 사람이 되어 감을 점수적인 즉 성즉리性卽理의 이치로 해석했고, 육구연과 양명은 격물을 영물이란 불교의 선학인 돈오의 입장인 심즉리心卽理의 방법으로 해석했다.

10

하늘 뜻 받든 얼 튼 이가 그리워 하느님은
하늘을 붙드는 정음으로 사람들이 그리워서
동방 세종 임금에게 *스물여덟 하늘 별자리
훈민정음 28자 땅 자음과 하늘 모음을 주었다
세종 *이도 님은 사람, 사람 속 하늘 문 마음
어짊, 마땅함, 옳음, 앎, 재운 빛 솟는 힘으로
옷고름 다리고 여미어 한양에 사대문을 세웠다

쥐눈이콩처럼 작은 마음 사람들 서울은
눈 들이대거나 제 땅 금만 재고 긋다가
동서 북남 땅 금을 긋고 생각도 그었다
김 왕조 북은 움쩍도 않는데 *우리민족끼리
1945년 광복 좌우 때부터 2008 광화문 서울은
단말마, 나락, 게거품, 다리걸기, 곤죽수렁이었다

*

　훈민정음 스물여덟 자 : 훈민정음은 「百姓ᄀᆞᄅ치시는正흔소리라」란 뜻이다. 왜 문자라 하지 않고 正흡이라 했을까. 그것은 字라 했을 때 뜻이 한갓 글자에 한정되는데 비하여 흡이라 할 때에는 그 음역과 의미함이 넓고 깊어지기 때문이었다. 마치 인간과 천지자연의 성음聲音이 있으면 반드시 이에 해당하는 천지자연의 문채文彩(기호)로써 글자가 있기 마련인 것처럼 '흡'은 '字'보다 그 함축하는 의미가 더 크고 심원해지게 된다.
　훈민정음 해례에는 28이란 숫자가 세 번 겹친다. ① 자음 17자와 모음 11자를 합하여 28의 음운체계를 가졌다. ② 세종 1443년에 한글창제, 용비어천가 등을 지으며, 3년 동안 글자로의 실용성을 확인한 후 세종 28년이 한글 반포의 해이다. ③ 성리학이 우리글자의 창제 배경이 되고 있는데 성리학의 근간이 되고 있는 중국의 역서는 천구天球의 별자리를 28수宿라 하였다. 이처럼 훈민정음 28자는 주역이 말하는 힘의 근원인 땅을 딛고 서서 하늘을 바라본 고대의 하늘 별자리 28수를 본받아 탄생되었다.

중국의 역서는 天球(동서남북 4×7)를 28 별자리로 보았다. 이 우주 운행의 원리를 세종과 집현전 학자들은 우리글 기본자 28의 숫자 속에 부여했던 것이다. 이렇게 하늘 숫자인 28이 세 번을 겹쳐 창조한 것이 표음문자인 우리글이다. 그러므로 한글은 하늘이 내린 계시 문자요, 세계 문자로써 발돋움 할 수 있는 訓民正音의 우수성이다. 더 나아가 한글제자 원리에는 五音, 七調, 十二律呂, 母音調和, 동성상응同聲相應의 원리가 들어 있어서 어떤 음이라도 표기할 수 있는 뜻과 음을 기호화하는 조화를 이루고 있다.

우리말 子母는 자연의 관상인 천지인 三才를 어머니로 사람의 骨相인 발음기관을 본떠 만들었기 때문에 참으로 과학적이고 철학적이며 우주관을 담고 있는 종교적인 글자요, 正音의 문자이다.

*

이도李祹 : 세종의 휘諱, 즉 이름이시다. 휘는 도祹이고 字는 元正이시다.(世宗莊憲英文睿武仁聖明孝大王), 조선 500년의 역사에 대해서 보는 이의 관점이나 견해에 따라 다를 수 있다. 내가 광화문광장 역사의 물길 걷다가 주관적으로 내린 조선역사의 관점이다. 문화의 꽃과 결실은 세종대왕 재위 기간에서 성종까지다. 또 임진 정유 7년 왜구가 우리나라를 짓밟을 때에 주일무적主一無適, 한 마음 정신으로 나아갈 適을 원수 敵으로 바꾸어서 나라 있음의 존음을 실낱처럼 붙든 이는 충무공이요, 그를 따랐던 흰 옷 겨레들의 맨발로 삶 법이다. 이 두 면의 빛과 그림자, 음양으로 조선 500년 역사를 집약해도 지나침이 없으리라고 나는 생각한 사람이다. 그렇다면 분단 60년, 남북에서 두세 손가락 안에 꼽을 사람은 누구누구일까, 그 중 단연 으뜸 한 사람이 중수 박정희 대통령이라고 힘주어 나는 생각하는 사람이다.

* *

우리민족끼리 ; 일본이 우리나라를 침탈하기 위하여 청나라의 보호와 그늘에서 벗어나게 할 때 쓴 말이 왕 대신 황제라는 칭호였다. 중국의 보호에서 벗어나게 해야 그들이 우리나라를 쉽게 먹을 수 있다는 계략적 판단에서이다. 북한이 주체가 되어 있는 "우리민족끼리"라는 이 말도 이런 관점에서 먼저 해석하고 우리가 이해되어야 한다. 즉 이 말 속에는 혹자는 남한이 힘이 있다고 생각하는 이들도 있고 남한이 미국의 보호에서 벗어나고 또 그렇게 해야 남북한이 가까워진다고 보는 이들도 있다. 그러나 이것은 북한 주도 인민 해방을 이룩하려는 북한의 기본전략에 지나지 않는다. 즉 가르고 찢어서 쉽게 먹어 보겠다는 북남 간 동상이몽 속의 헤아림으로 해방 전략이다. 지금 남한의 몰골은 그 길을 서둘러서 가고 있는 몰골이다.

구약성서 이사야서는 유대가 독립하기 위해서는 세계가 도와 주어야 한다는 생각이었다. 이것이 메시아사상이고, 기독교가 유대교의 울타리를 벗어나 세계의 종교가 된 배경이다. 8.15가 누구의 도움으로, 그리고 6.25가 누구에 의해 저질러졌으며, 누구의 도움으로 이만큼이나 서 있게 되었는지 생각해 보면 잘 알 것이다. 약소민족은 참 슬픈 일이지만 그들만의 힘으로는 하나가 되지 못한다.

지금 6자회담을 내걸고 북한은 通米封南을 위한 벼랑작전을 시도하고 있다. 이렇게 미국과 1:1의 대화에 북한이 목을 매는 것은 삼국시대 신라가 당나라 힘을 빌려 형제국인 백제와 고구려를 원수로 했던 삼국통일과 참 많이 닮았다. 지금 남한의 통일전략 또한 이에서 무엇이, 어떻게, 얼마나 다르다고 하겠는가.

11

좌익 우익, 두더지식 종북從*北 좌익
한발 뒤져서 안타까운 애비마음이란
젖은 날개 우구구 절뚝, 탑골 비둘기들처럼 우익
밤 광화광장 틈서리 촛불과 거품 물고 울부짖었다

유모차도 등장했는데 어미 가슴 포근함도
소젖 염소젖 젖병 물고 물린 일도 던져 놓고
젊은 엄마들까지 광화문 밤하늘 아래 모여들었다
젖먹이 손 촛불 들려 하늘 향한 읍소와 상앗대질
딴은 그래야만 엄마로서 새끼 목숨 지킴이었으리라
순간 유곽처럼 불 달고 하늘 나르는 광화문 보았다
촛불 든 유모차들이 뒤 따라 날아가는 화염 하늘 보았다
그 날 서울광장과 화염 광화문, 세종로 검은 촛불 하늘을

▶ 민주화란 산업화가 끝나야 가능한 것입니다.
자유란 그 나라 수준에 맞게 제한되어야 합니다.
이를 가지고 독재라고 매도하는 것은 말이 되지 않습니다.
_ 제3의 물결 저자 앨빈 토플러

*
北 : 중국과 이스라엘의 역사에서 보는 北方의 견해와 입장이다. 본래 중화민족으로 중국의 영토는 황하와 양자강을 경계로 한 중원의 나라였다. 나머지 영토는 중화를 표방한 중국의 동남서북의 이민족들이 중국을 기웃거리거나 침략하다가 중화에 물들거나 먹힌 땅덩이다. 특히 중국은 북방민족에 의해서 나라를 여러 번 빼앗겼다. 여기서 북과 싸우면 진다는 패배敗北라는 말의 기원이 형성되었다. 대

표적인 예가 원 왕조와 청 왕조의 중국 땅의 지배였다. 그러나 결과는 中華에 먹힌 중국의 영토의 확장으로 이어졌다. 이스라엘 민족 또한 다윗왕조를 계승한 남쪽 유대보다 젊은이들 말만 듣고 민족을 배반한 여로보암의 북 이스라엘이 먼저 바벨론에게 패망한 역사의 교훈을 우리에게 주었다.

 나도 섬기고 있는 남한의 교회가 민족사적인 가치와 의미를 지닌다면 이런 성서적 역사의식을 젊은이들에게 심어 주고 그 다음은 탕자를 받아 준 아버지 마음으로 통일이 아닌 歸一(조국의 품)과 화해를 하나님에게 묻고 사람들과 논의하도록 해야 한다는 생각이다. 지금 남한의 종교들은 세금문제에서는 국법을 어기거나 넘어서 있다. 즉 치외권역인 셈이다. 또 대형교회들은 후한 사례금을 사제들에게 주고 있다. 또 그들 상당수는 그것을 받아 몸과 가족을 편안으로 잠그며 대물림도 하고 있다.

 이들 중 한 부류 사람들은 민족 통일을 위한 순교자적인 용기라 자부하며 또 보안법을 짓밟아 3.8선을 넘나들고 있다. 하지만 북한에 간 사제들이 과연 어떤 마음으로 북한의 주체사상이 종교처럼 인 '주체'의 시신이나 기념관 앞에서 선지자 나단처럼 민족 이름으로 꼿꼿이 서서 말하는 자가 있었던가. 사람 섬김은 우상이라 말하는 하나님의 가르침과 성서의 예언을 설교시간이면 빼놓지 않는 그들이, 즉 타력종교인 기독교인의 관점에서 말이다. 북한에 가서 하는 그들의 행위를 나는 회의적이고 때로는 나라의 통일을 위한다는 기도에 앞서 울분을 씹고 삼키며 바라보는 일이 많았다.

12

불, 화염병
물, 폭탄병
동학혁명인가, 녹두 부대가 등장했다는
유언비어가 4대문 안팎 날리던 하루와 하룻날
광화문 밤하늘 물불 쏟아지던 이틀 다음다음 그 날

쥐눈박이 콩알처럼 더욱 메말라서 싸움박질 하룻날
눈알만 빼고 눌러써서 잿빛 모자 일흔 우리 이웃 늙은이
재산훼손 나만 손해 보면 안 되고말고
이웃에겐 더러 자상했었다는 할아버지
니네들 쌈박질만, 나라는 소용없다는 늙은이 한 사람
내 땅 위 금 그어서 길을 내고 가져간 땅값 위에 더
부풀리고 두드려 땅값 더욱 내어 놓으라 불을 질렀다

국보 1호
무방비 목조 숭례문 올라
'숭례' 다비식,
시너 뿌리고 1회용 라이터를 그었다

숭례문의 숭례崇禮는 결국 화염 속으로 침몰하고
임란 정유 삼면 바다 민족혼, 불 혼 살라 막았던
주일무적主一無適, 오직 때마다 활을 들고 활쏘기로
군인으로 유비무환, 죽어 사는 충무공 이순신 동상
백의종군 길을 걸어간 충무공 신검도 붉게 물들었다

한 늙은이의 손에 의해 불탄 숭례문

13

어찌하겠는가, 그러나 작은 나라
헐었다가 짓고 다시 헐어 짓는 광화문
사대사상에 빠져서 찢기고 반상에 짓밟혀
젖고 찢어발리고 밟힌 박토 몸 터 광화문

그래도 어찌하겠는가, 잘리고 찢긴 허리 내 조국
비린 넋 바람 아래 깨진 기왓장으로 누웠던 광화문
오천 년 내우외환 희로애오 너와 나 살 섞은 피바람
재워 솟은 빛 광화, 버선코 추녀 암수막새 두 날개
푸른 이끼 하늘 향한 추녀, 그럼에도 어찌하겠는가
칠팔백 도 화염에서 다시 빚어야만 하는 마음들을
대한조선 금강송 옹이처럼 하늘 향 품고 일어나고
새 날밤 위하여 한 맘 두 손으로 붙잡고 서야 함임을

어찌하여야 하겠는가.
너와 나 광화문 두 문짝과
문설주 마음으로 열고 닫아
동해 햇빛 맞이하는 마음 새벽으로
한밤처럼 조국이지만 눈 떠 문 지키고
다시 오는 광화문 마음을 열고 맞이해야지

14

*내성외왕內聖外王

600년 사람 권좌 몸 마음은 한 줌 이슬이요
권좌 지켜 앉은 마음은 서릿발 세움이었다는
금수강산 하늘과 땅에 금수禽獸 떼들 들끓어 4대문
육조 거리는 눈감고 아득바득 부딪치며 사이비 묘화
거들먹거리는 사람들 앞에 광화 눈뜬 사람 태어났다

국토 70%, 다박다박 산으로 배고픔 이 땅이었다
흙 쩐 비린 목숨에 날개 말씀을 달아준 한 사람
글꼴은 중국 전서체 참고하여 훈민정음 405자
백성을 깨워서 가르치기에 바른 나라말 28 기본자
훈민訓民, 가슴 어루만져 올곧 사람말씀 정음 창제
배가 고프다, 좋다, 보고 싶다, 이래도 되겠느냐,
괜찮다, 맞다, 아니다, 말로 묻고 글로 답하면서
살아가자 이 땅에 눈뜬 하늘 사람이 하나 태어났다

세종 이도 님 만드신 우리말글 *훈민정음 28자에
연서법 ㅸ과 병서글자 ㆅ +α 서른 자 우리말과 글
1443년 정음 창제, ** '논의하자' 민심은 천심이니
3년 늦춰 다듬어서 천심은 민심, 1446년에 반포한
하늘로부터 모음 열 자 땅 자음 열넷 옹소리 글자

＊

　내성외왕內聖外王 : 안으로 된 사람이 밖을 다스리는 왕이 되어야 한다는 뜻이다. 플라톤이 철인정치에서 주장한 이상국가의 모형이며, 중국과 조선시대 우리나라가 추구했던 요순을 이상으로 한 복고주의적 정치사상이다. 그러나 이런 옛것이란 하나에 매달려서만은 나라가 안 된다. 나라와 개인의 삶은 허실이 상부相符하는 지금의 때, 즉 點心이 가장 중요하기 때문이다.

　유학의 핵심 또한 사람다운 사람에게 있었다. 이 사람됨의 핵심을 聖이라 한다. 聖이란 사람의 '됨과 다움'을 전제로 할 때만 성립되는 말이다. 이것이 주역의 지산겸地山謙(䷎) 괘이다. 이 卦의 모습은 땅 속에 산이 있는 형상이다. 사람은 몸속에 산 하나씩을 가지고 있다. 공자가 제자의 물음에 답했던 未知生 焉知死도 공자가 가진 산이었다. 즉 내가 존재하는 지금이란 때와 터의 중요함을 잘 표현한 말이다. 이 '지금'의 중요성을 알고 실천하는 삶이 내성외왕인데, 우리말로 철학하기의 다석 유영모 선생은 우리말로 '하루살이 깨끝'이란 표현을 썼다. '하루살이 깨끝 혹은 깨끗'이란 우리말의 매력, 한글만이 도달할 수 있는 '옹소리' 우리글의 발효 맛이다.

　＊＊

　논의하자 : 세종을 세종대왕이게 한 정치철학이 잘 나타난 말이다. 광화문 세종대왕 동상 있는 지하 계단을 내가 세 번째던가 내려가면서 보고 만났던 첫 번 글귀였다. "논의하자" 반대를 수용하는 일의 중요성이다. 어떤 문제에 대하여 상대의 의견이나 견해를 수평방정과 단단함으로 받아 正反合으로 지양止揚하려는 합리적인 생각이다. 이 일은 참 어렵고 어려운 일이지만 그 중요함을 알았던 세종이 등극하면서 처음 내놓은 화두는 '의논하자'는 화두의 말씀이었다. 윗자리에 앉아 있어야 할 한 사람이 왜 중요한가를 점심 마음으로 증명해준 좋은 말씀이다.

15

광복 민족이 있던 8월, 2008년 한 날
광화문 굉음轟音 속을 헤쳐 거닐면서 나는
600년 넘어 더욱 밟히어서 가치의 존립으로
밟히면서 두 주먹 단단함으로 있어 온 내 나라

지킴으로 내리침으로 칼 노래
이고 진, 작은 내 목숨 피 노래
미완 아직도 헐고 짓는 광화문 길바닥
경복궁 세 홍예문까지 길 단정함으로 걸었다

충무공 동상 어깨 언제 올라타고 앉았을까
한 떼 비둘기들이 광화 하늘로 날아올랐다
비둘기 날아간 빈 하늘 새로 올린 광화문 보았다

광화문은 새벽 별 하늘 우러러 무명 정화수 어머니
명주나 무명 버선 조선 남자들이 마음 모은 지성소다
그러나 큰 나라 섬기고 섬나라에 시달려 조정 사직은
우리 어머니들 헤진 치마 무명 버선 모양 밟혀서 해체였다
뜯겨서 해체된 광화문 추녀 600년 풍경 소리 추회하다가
하늘로 눈을 드니 회색 연진煙塵 속에 북악과 인왕 능선
구렁이 감듯 연무가 청와 지붕을 감고 놓지 않음 보았다

16

지금도 *미국米國에 들어갔다가 어머니 나라에 나왔다는
출입 절차와 예를 모르는 몽고반점 내 조국 코리안들
마음 터 이목구비 몸 구멍 세워 뜯고 또 뜯고 비틀어
선연한 몽고반점 감추려는 얼뜬 내 나라 철부지들
몽고반점이 버짐 꽃처럼 어머니와 아버지 나랏말
너와 나 모국어를 *사마리아 개처럼 회피의 처세술

내 나라 말글 뭉갰던 지금도 육조 거리 광화문
세종로 600m 사람 부딪치며 걸어가는 내 그림자
미국에서 바람난 아내와 그리고 제멋대로 아이들
'기러기 표 한 아빠가 자살했다'는 뉴스 접하고
방법 수단 긁어모은 재테크 처자식 미국美國 들여보내고
인터넷엔 혼자 남아 색色 사냥 진탕 유명인사도 끼었다는
'~카더라 ~아니면 말고' 식색 온통 온몸 광고 내 나라

나의 나, 너의 너, 눈을 찌르는 상앗대질만 내 나라
2010년 광복 8월 환한 하룻날, 우리말 남북겨레사전
가슴과 가슴에 포개어 품고 광화문 세종로 길 걸었다

＊

米國 : 米國과 美國은 다 아메리카를 지칭하는 가차문자다. 가차문자란 표의문자인 한자에서 뜻이 없이 음만 표기했던 가짜소리일 뿐이다. 마치 나폴레옹을 나팔륜이라 했던 육당의 시 한 구절처럼, 왜 일본은 米라 하는데 우리는 美라고 뜻이 없는 가차문자를 다르게 표현했을까. 이런 사대의 표현이 내 가슴을 아프게 한다. 8.15와 6.25 후 여러 상황이 아메리카를 美國의 뜻으로 해석하게 했더라도 米國

의 본디 모습은 우리 피부처럼 황인종 인디오들이 살았던 넓은 땅덩어리였다.

　미국이 두텁고 풍요한 나라일망정 하늘을 땅에 심은 우리 역사와 문화, 5,000년의 우리 수택手澤 문화와는 질량이 다르지 않는가. 왜 꼬부랑글자를 머리에서 발끝까지 감발하지 못해서 안달들을 할까, 내 뜻 내 말은 무슨 국수주의자가 되자는 얘기는 아니다. 사대사상의 사고방식을 가지고는 두 발로 이 땅을 밟고 두 손으로 정음의 나라 하늘을 제대로 받들고 바쳐 노래할 수 없다는 다만 내 넋 둘레의 넋두리다. 우리의 부끄러운 넋 둘레를 나부터라도 고치고 다져 두자는 생각이다.

＊＊

　사마리아 개 : 유대인들의 교만은 그들만의 절대자로부터 선택받았다는 선민사상에서 나왔다. 이 사상이 이방인들과 결혼을 하지 않았고 몸 은밀한 곳에 상처를 내는 일이었다. 사마리아 개란 유대인들이 이방인들과 결혼한 동족을 빗대어 말할 때 쓰는 표현이다. 오죽하면 예수가 선한 사마리아인의 비유로 율법에 묶인 유태종교가들의 위선을 풍자로 들어서 사람됨의 길은 사람 속에서 찾아야 하고 사람으로 네 몸이 성전이라고 말하였겠는가. 사마리아인이란 유대민족의 나라가 둘로 나뉘고 망할 때까지 남쪽의 유대의 서울은 예루살렘이었고, 북쪽의 이스라엘 서울은 사마리아에서 생긴 말이다.

　앗수르는 티그리스강 비옥한 초승달 지역 동북부에 위치했던 나라다. 지금 이라크의 북쪽이다. 그들은 북이스라엘을 점령한 후 유태민족의 혈통을 없애기 위해 적극적인 민족혼합 정책을 썼다. 일본이 내선일체와 내선융합정책을 썼던 것도 같은 방법이다. 우리의 남북 분단처럼, 분단인 채 유대민족은 앗수르에게, 남쪽은 바빌로니아에 의하여 망하게 된다. 구약성서 열왕기상 16:23~24에 은 두 달란트에 사마리아 산을 사고…… 사마리아의 유래가 기록되어 있다.

17

구름 넘어서 저 흰 옷 본래 마음
하얀 마음 너와 나 목숨 빛 노래가
광화, 광화문 본래 마음 터 노래였다
보이지는 않지만 조이고 조여 옴으로
상처에 소금이 닿듯 불연 아픔과 쓰림을
털고 닦아 묶으면서 부르고 불러야 하는 노래
세종로 광화문은 민족시인들 푸른 노래 터이다

광화 길가 한 무더기 사람들
붉은 띠 이마 두르고 하늘 아래서
검은 리본 가슴 하고 소리치는 것 보았다
소리치는 사람들 뒤는 플라스틱 물병과 웃음
터진 김밥과 그리고 담배꽁초를 버린 위에 캭
침도 뱉었다, 충무공 동상이 홀립屹立한 앞길이었다
순간, 아리고 쓰라림으로 가슴과 명치 가슴을 치는
망치 소리가 내 목구멍 마디마디 무너뜨려 분질렀다

헐어 짓는 광화문, 저자 소장

18

광화, 광화문을 세운
본래 마음은 바른 소리였다
빛으로 내려오는 모음 11자는
어버이 가을하늘처럼 마음이었고
충효 불빛 품어 올리는 17 자음은
풀빛 새끼들 찰랑찰랑 땅 비벼 오르는 마음이었다
동남서북 사람들 *상불리相不離 상부잡相不雜 마음이
오지그릇 오순도순 만남은 아랫목 온돌 마음이었다

광화, 광화문 두 손으로 세워 받든 마음은
놋그릇에 섞여서 조선 막사발 어머니 흙 마음
온돌방 아랫목에 다독여 놋그릇 시어머니 섬김
시어머니 밥 다독여 묻었던 어머니 마음 둘레였다
어머니 막사발은 당신 가족 모셨던 하늘 담긴 마음
하늘 우러러 살아온 본래 광화 빛 힘 숨 터전이었다

*

상불리相不離 상부잡相不雜 : 송나라 유학자 주희의 효를이다. 서로 떨어질 수 없음과 서로 섞이자 말아야 함을 말한다. 퇴계가 주자학의 理氣 二元의 개념을 정립하는데 활용되었던 용어다. 이것을 가정으로는 부자유친과 부부유별의 관계에 대입해 볼 수 있다. 지금 우리가 당면하고 해결해야 할 문제는 산업화라는 미명 아래 떨어지지 않아야 할 부자관계가 떨어지고, 섞이지 말아야 할 부부유별의 관계가 급박하게 뒤섞인 데서 문제가 생기고 말았다.

父子의 문제처럼 친해야 함은 깨지고(相不離), 부부의 유별해야(相不雜) 함은 낮밤 보듬어 愛犬처럼 붙어 있지 않는가, 이런 찢어지고 깨진 가정의 모습이 나아가 나라와 사회의 모습이 되고 말았다. 두 발 두 손 사람과 네 발의 말이 길을 갈 때는 함께 하다가 집으로 와서는 말은 마구간으로 사람은 문을 열고 방안으로 들어가야 한다. 이것이 주희가 말하는 일의 관계에 있어서 상불리와 상부잡의 원리와 관계다. 지금 우리 가정의 경우는 어떤가, 주인의 말에 일방적으로 복종하는 강아지는 두 손 가슴으로 집안에 모셔 두면서, 아들 집을 모처럼 찾은 부모님을 자식들은 어떤 모습으로 바라보며 대하는가, 각자 가슴팍에 넣은 강아지 대신 손을 가슴에 얹어 생각해 볼 일이다.

19

시어머니께 온돌 아랫목 내드린 어머니 마음씀은
겨울 홍시 맛 할머니 소곤소곤 권선징악 얘기 보따리
한데서 돌아온 손녀손자들 손발 아랫목 사랑으로 녹였다
어머니와 할머니 하얀 무명 버선 몸과 마음처럼 광화문
조선 본래 광화 마음 말씀과 노래이고 싶었다 나의 노래는
8월 한날 남북겨레말 가슴 품은 우리말글로 내 작은 노래는

20

풍우風雨, 한발旱魃, 내우외환
광화문 짓고도 오롯 떳떳치 못한
약소민족 600년은 가위눌림이었다
흰 옷 겨레 정음 말씀 얼 터 광화 거리
왜구들이 만주족들이, 민족상잔 죽창들이
오르고 내리면서 태워 밟고 밟아 뭉개버렸다

때부터, 분단 지금까지 광화문 마음이 되지 못했던
너와 나는 덫을 놓고 티격태격 '때문에 탓으로' 낮밤
우리 가슴은 절망과 표류, 파돗날 성난 섬처럼 광화문
가래침과 눈물 불 칼 문 밤과 밤으로 아린 터만 되었다

2008년 민족 해방 맞아 세종로 광화문
광복 8월 땀 흘려 씻고 닦은 광화문 광장
무딘 낫 갈고 세워 가을걷이 기다리듯이 나는
새로 가꾼 정음 가슴 28 글자 닦고 씻어 광화문
하늘 맑을 빛 노래 받으러 광화, 세종로에 갔었다

21

본래 꼴은 없어지고
소리만 남은 *옛이응(ㅇ)
첫 음에서 나는 듣고 보았다
천지가 교합하여 처음 열리듯
우웅 웅 닫쳐 터진 소리 들었다
초가지붕 박꽃과 별들을 깨웠던
초가을 밤바람 소리 속에 들었던
낮은 옥타브로 '우웅, 으음, 우우웅'
때면 높은음자리로 문풍지는 화답했었다

웅소리,
우리말 첫 음소 'ㅇ'은
물결이나 살결 나뭇결과 꿈결처럼
번져 메아리처럼 이어지고 이어지는 신비
한결, 상불리와 나뉨, 상부잡으로 'ㅇ'에서
인디아 오움이나 히브리 야훼 처음 음처럼 우주가
열리고 닫히는 우리 소리 묵시 음계 나는 보고 들었다

✱

ㆁ : 옛 이응 'ㆁ'은 목구멍소리 ㅇ에서 유래했지만 발음되는 부위가 이미 목구멍을 떠나서 어금니로 옮겨 온 자리에서 나는 소리다. 'ㆁ'에서 나는 산스크리트어의 오움과 히브리어 야훼(야훼는 존재의 존재자로 자음으로만 이루어진 글자로 발음을 할 수가 없다. 구약성서 출애굽기 3:14)처럼 근원과 계시의 소리를 듣는다. 특히 우리말 소리 '우웅'은 '오움'과 음역이 유사하다. 오움은 스승의 무릎 아래 다가앉아 라는 뜻을 지닌 우파니샤드라는 말처럼 평온을 위한 낭독에 나오는 근원으로 음이요, 근본을 여닫는 말씀이다.

즉 '오움'은 브라흐만의 상징이고 매우 초월적인 것이기 때문에 풀어서 설명할 수 없다고 했다. 브라흐마의 마지막 음(a)과 비슈누의 마지막 음(u) 마헤샤(m)의 첫 음을 이루는 만든 음이 '오움 즉 평온, 평온, 평온'이다. 그러므로 '오움'의 소리를 내는 것은 우주의 운용을 가능케 하는 '힘'을 기억하게 하는 소리이다.

우주 근원의 소리라는 '야훼, 오움'과 같은 근원적인 힘의 소리가 우리말 어금닛소리인 'ㆁ'의 음역 音域이라 나는 생각한다. 지금 첫 음절로 ㆁ의 음역은 소멸되었다고 하지만 '응'이나 혹은 '음, 으응'의 경우처럼 온몸을 지탱해 주고 내는 生滅 음으로 아직도 남아 있다. 어찌 생각하면 사람의 일생이란 입을 통하여 들어간 날 것들이 우리 몸을 지탱하고 죽어 항문으로 나오기까지 과정을 사는 일일진대, '응' 혹은 '으응, 우웅'의 'ㆁ'은 너와 내 몸의 영과 육이 나들이하는 받아들임과 배설하는 과정에서 '~으로 말미암아' 막혔다가 터지면서 내는 소리이다. ~으로부터 받고 내놓을 때의 처음과 끝의 소리요, 근원적인 소리가 응(g)이라 나는 생각해본다.

22

없어진 ㅇ, ㆆ, ㅿ, ㆍ, 포함 * 스물여덟 우리글 정음
ㆍ음은 광고나 극성 영어 변두리서 긁히듯 쓰고 있지만
ㅁ, ㅂ, ㅍ 넘나들며 입술 떨림이 물결이 일 듯 순경음 ㅱ
비읍 순경음은 외래어 표기에 없어 안 될 긴절한 음역이다
더불어서 시조 *솔불 켜(ㆅ)지 마라 어제 진 달 돋아온다
어둠 속 떡을 썰어 식구들 공궤供饋했던 부엌칼을 받든 어머니

아들에게 붓대 놓고 붓대를 잡는 법 앞서
칼 잡고 떡 써는 가지런함을 보여 주신 어머니
또 병서 쌍히읗 ㆅ,ㄲ,ᅛ,ㄹㅍ,ㅺ,ㅳ,,,,,,은
추사 김정희 세한歲寒 갈필葛筆 붓매 모습이다
한밤 어머니 땀 도마 위에 떡을 썰어 놓은 방정함
한지 위에 한석봉 서체 부드러워 단단함 만들었다

헉헉 눈물 개어 피를 섞는 극창 판소리 창법 또한
막혔다가 탁 터짐 절정에서 만나 나는 음역이 ㆅ이다
늦가을 서걱거림 재우는 반지 약속처럼 쌍히읗 ㆅ음은
백성을 가르치고 세움에 바른 법 소리 못한 철부지 왕들
작은 중화 문간방 지킴이 벼슬아치들이 밟고 으깨어 우리글
지금은 고도처럼 24자만 남아 꼬부랑말 바다서 난파 중이다

ㄱ, ㄴ, ㄷ, ㄹ, ㅁ, ㅂ, ㅅ, ㅇ.

ㅈ, ㅊ, ㅋ, ㅌ, ㅍ, ㅎ 자음 14자

ㅡ, ㅣ, ㅗ, ㅏ, ㅜ, ㅓ,

ㅛ, ㅑ, ㅠ, ㅕ 모음 10자 합하여

종당終當은

스물네 시간 하룻날 배우는 24 글자 남았다

ㆁ, ㆆ, ㅿ, •, 넉 자 정교 음역 못 지켜서

암글, 안방 글, 하루꺼리, 전자 난장판서 찢어져

다시 언문 하룻날 스물넷 성가신 말글로 남았다

*

솔불~돌아온다(88) : ㅎㅎ은 목구멍을 강하게 긁어내는 음역의 소리이다. 판소리의 오름 법이요, 새벽에 잡은 어머니나 아내의 조심스레 부엌에서 칼 소리다. 인용된 글은 조선시대의 명필 석봉 한 호가 쓴 시조의 중장이다. 초장과 종장이다. '짚방석 내지 마라 낙엽엔들 못 앉으랴, 아희야, 박주산채일망정 없다 말고 내어라'이다. 어머니가 떡을 써는 본을 보여주고 아들은 어머니가 보여 준 그 母本을 배우고 넘어섰다. 이런 본을 받고 넘어서는 것을 서예에서는 체본體本과 수련 그리고 체인體認의 관계라고 했다. 나아가 서예는 스승의 체본, 그리고 스승의 체본을 뛰어넘어 체인 과정을 한 빼어난 제자에 의한 체인의 전수, 이것을 학통 또는 도통의 계승이라 한다. 결국 가족의 목숨을 기르기 위한 아내나 어머니가 만지는 부엌칼과 민족이나 나라를 이끌기 위한 선비, 나아가 사대부의 붓길은 광화를 위해서는 하나요, 한 길이어야 한다는 뜻이다.

서예의 체본과 체인의 성서적 표현을 나는 믿음은 바라는 것들의 실상이요, 보지 못한 것들의 증거라는 말로 생각한다. 즉 사제들의 잘된 설교나 설법은 계도만으로 가르침이나 지식의 전달이어서는 안 된다는 뜻이다. 내가 체인, 체득한 기쁜 소식을 사람들에게 선포하는 체본이 되어야 한다는 뜻이다. 그래서 삯군이 아닌 일꾼으로, 사제됨의 위치는 참으로 귀하고 어렵다는 것이다.

나는 가끔 출가한 세 딸들이 먹었던 김치찌개나 된장찌개의 맛을 상기하고 만드는 방법을 아내와 전화로 나누는 법을 들을 때가 있다. 이 일 또한 체본으로 가풍이요, 체인으로 家法이라 생각하며 귀담아 들으며 흐뭇해하는 경우가 있다.

23

지금은 한글세대라야 한다면서
스물넷 우리글 자모 갈라 찢어서
허언 젖덮개 허벅지까지 식색食色 광고
가상공간 인터넷서 ㅆ으로 시작 칼끝 난도질
윗사람들 글로벌 말투와 사제들 설법 과장까지
꼬부랑글자 섞어 발라야 혓바닥에 기름칠이 오른다는
하늘글자 우리말 우리 생각 얼 찍고 찢어 해체하고 있다
한센병이나 구제역口蹄疫처럼 물집 혓바닥 내두르고 있다
극렬 국제화 철부지들, 얼쑤우 푸닥거리 입안 정책자들
구라파투 꼴말에 봉인되는 위태로운 나라 정음말씀 찢는다

24

적도 햇살에 잘 익은
비단 피부 검은 눈동자
*찌아찌아족 생각만도 못한 나와
우리 옹소리 나라 말글, 훈민정음 24자
하루 스물네 시간 우리말 난도질과 무관심
때에 너와 나 결국 나랏말 *꿈틀도 깨지고
글로벌 꿈도 소낙비 지난 시멘트나 아스팔트
꿈틀, 지렁이들 꿈틀거린 몸처럼 무너지고 말리라
24자도 없어진 우리말 글꼴 ㅇ, ㆆ, ㅿ, ㆍ 4자처럼

다시 깨우고 씻어서 재운 빛 광화문
내 나랏말 24자에 없어진 글꼴 넉 자와
*+α ㅸ, ㆅ, 더하여 30자, 세종로 광화문
새 단장 세종로 광화문 빛과 숨 터의 거리에
몸 찍혀 넋 마음 지켜 새긴 핏방울 선죽교처럼
세종로 광화광장에 우리글 정음정신 각인해야 한다
때에 에스겔 골짜기 마른 뼈에 스란치마 봄바람 일 듯
재운 빛 솟는 힘 꿈의 틀로 광화 광화문이 열릴 것이다

*

찌아찌아족 : 인도네시아 부퉁 섬에서 살고 있는 소수민족을 가리킨다. 우리글 훈민정음으로 그들 민족의 사라져 가는 말을 정리 복원하고 있다는 신문기사다. 이 일을 후원하는 뒤에는 원암문화재단을 세우고 '훈민정음학회'를 지원하는 이기남 이사장이 있다는 것이다. 또 이기남 여사 뒤에는 일제말기 한글을 가르치고 지켰던 그녀의 아버지가 있었다는 것이다.

세상 어떤 편 사람들은 삼성 이병철 님의 재산 모음의 과정을 성토하기도 한다. 견고한 뿌리를 위해서는 비바람 가뭄이 필요하듯이 비판을 통하여 개선할 것은 개선되어야 한다. 그러나 나는 한날 용인에 있는 '호암미술관'을 방문할 기회가 있었다. 그리고 미술관에 보관되어 있는 우리 문화재 (물건에서 物은 손으로 잡는 물건 즉 사물이지만 인물, 영물 등 형이상의 의미도 지닌다.)들의 정갈함으로 정돈된 모습을 눈으로 확인하면서 호암 이병철님이야말로 나라 광화 '얼숨' 지킴의 큰 사람임을 보고 알았다.

* *

꿈틀 : 환상이나 이상을 포괄하는 말로 썼다. 한글로 철학하기를 주장한 유영모 선생의 말씀이다. 한글 창제 이후 잦은 내우외환으로 우리글 정음정신은 꿈틀거리지도 못한 채 찢어지고 무너져 왔다. 다석의 말씀이다. '꿈틀'이 무너지면 나라의 꿈틀거림도 무너지고 결국 언어도 사라지고 만다고 안타까워했다. 또 케임브리지대학 데이비드 쿨만 교수의 주장이다. 우리민족은 지상에서 2,300년 경 멸종할 최초의 인종이 될 것이라고 했다. 영어로 몰아가고 몰려가는 쏠림 현상이나 지금 다문화가족 현상 등이 그 한 징후다. 두 분 선생의 경고를 귀담아 듣고 우리는 준비해야 한다.

* * *

+α ㅸ, ㆅ, 30자 : 주역 64는 1~30을 상괘上卦라 하여 천도를 말했다. 31~64를 下卦라 하여 인도를 말하고 있다. 나는 훈민정음 30자 속에 있는 하늘을 향하는 마음, 즉 한글의 철학적 의미를 강조하기 위해 30자 음가를 살려야 한다는 생각이다. 또 구미어보다 정확한 발음을 위해서 순경음 ㅸ과 쌍히읗 ㆅ음까지 살려 우리글자 표현의 음역을 넓혀야 한다는 생각이다. 왜냐하면 그래야만 우리글을 더 잘 지키고 널리 알려 보호할 수 있다고 생각하기 때문이다.

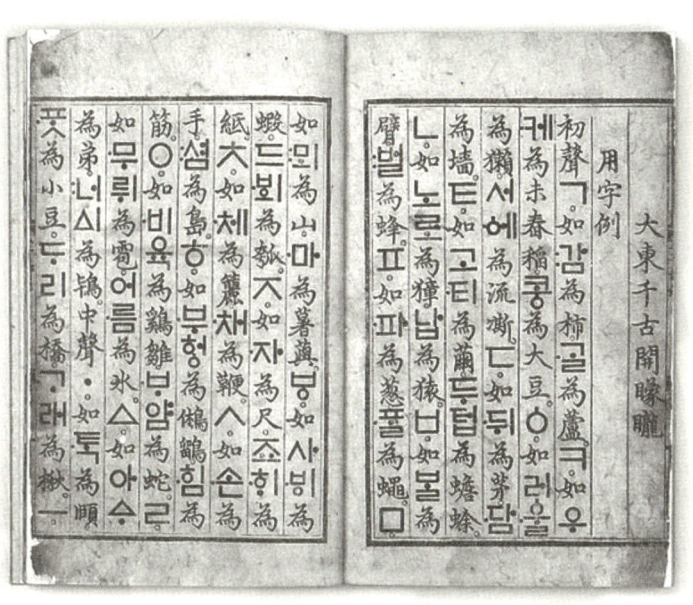

혜례본 훈민정음 예의 중 용자례

25

정음 훈민 24자 우리말글
나와 너는 하루와 하루살이
글로벌이란 기치 아래 나랏말
글꼴은 어혈瘀血 낭자狼藉 난도질
'아니다.' 이것은 참말로 아니다
아니고, 말고 신판 사대 벼슬아치들
어린 시절 잦았던 너와 나 배앓이 때면
구라파전쟁이라 했던 부모님들 잠언처럼 말씀
아카시아 둥치에 도끼날을 내리치듯 꼬부랑글씨
글로벌이란 이름 아래 우리말 우리 얼 꼴 난도질
우리말글 꼴 찢고 찢어서 무너뜨리는, 참말로 아니다

26

구라파 어투 섞어 찢고 부수는 우리말 글꼴
도끼자국 지나가듯 4대문 안팎 글로벌 광고와
모래바닥 여의도에 던지고 터지는 균열과 굴절
국적 불명 불길 말 암초와 모스부호 소리들처럼

새로 지은 광화문 암수막새 기와지붕
온몸으로 불 맞이하여 올렸듯이
활 활 7,800도 불 아궁이에
우리들 녹슬고 갈라진 혓바닥
검붉은 몸 마음 시멘트 날 혓바닥처럼
불 태워 저미고 물로 씻어 거듭거듭 여미어
정음 창제 푸른 하늘마음 우리 얼과 몸으로
몸과 맘 솟고 씻어난 이 되어야 우리가 산다

27

뭉개진 나라 말글 ㅇ, ㆆ, △, ●
이어쓰기連書法 ㅸ, ㆅ 음가 꺼내 살려내야 한다
하얀 조선 무명옷 빨래터 청계천에 씻고 빨았듯이
햇살 가득 하룻날 새 터 광화문 광장에 널어야 한다
불국토 서라벌 아사달 님과 아사녀 *무영탑 사랑으로
이방인 까뮈의 아프리카 정오 햇살 무영無影 마음 본받아
밝은 한날 너와 나 뒤섞여 쉰 냄새 언어 옷들 속속 빨아서
광복 8월에 사통팔달 세종로 광화광장에 펼쳐 널어야 산다
너와 나 동남서북 손잡은 우리 훈민정음 옷틀 민족이 산다

*

無影塔 : 경주 불국사에 있는 석가탑의 다른 이름이다. 불교는 기독교처럼 신과 인간의 2원론을 주장하지 않는다. 내 속에서 神을 찾는 종교다. 이 경우는 귀신鬼神이 전제된다. 鬼란 귀歸의 뜻으로 돌아감이요, 神이란 신伸과 동의어로 퍼져나감이다. 계절로 보면 귀는 가을이요, 신은 봄이다. 이것이 동양의 무신론을 넘어선 신관이라면 神觀으로 범신론이다. 즉 내 속에서 봄기운과 가을기운인 귀신歸伸을 찾는다는 말이 그림자가 없는 탑을 쌓는 마음이다. 이것이 자연을 신으로 생각하는 우리민족의 신바람이다.

불교는 이런 내 속의 神을 佛性이라 하였고, 내 속의 鬼를 사대오온四大五蘊이라 했다. 부처인 석가모니는 본래 그림자가 없는 혹은 우리 머리의 정수리에 해가 걸릴 때 그림자가 작아지는 것처럼 완전한 사람의 형상을 상징한 것이다. 즉 신이면서 완전한 사람으로의 표상이다. 사람은 누구나 신이 될 수도 있고 귀신도 될 수 있다. 이것이 무영탑을 가슴에 품고 낳은 동양의 휴머니즘이요, 불교의 매력이다. 또 이방인을 쓴 까뮈가 햇살의 땅 아프리카를 찾아갔던 무신론적 실존으로 정오사상이다.

왜 석가의 생일이 4월 8일, 초파일이어야 하는가, 석가모니는 4통8달처럼 터진 사람이요, 이런 그림자 없는 사람이 나와야 세상이 올곧게 선다고 보았기 때문이다. 無影이란 그림자가 없는 탑이 아니라 그림자(四大五蘊)를 최대한 줄인 사람이란 뜻이다. 사람답게 되고 사람다움으로 되고 싶은 사람을 상징하여 세우고 싶었던 탑신이다. 서구의 사상이 성서 요한복음의 한 개 밀알사상에서 실존철학이 탄생되었듯이, 석가의 天上天下唯我獨尊이란 말은 내 그림자를 잘 통어하고 줄이는 나의 삶을 말한다. 실존사상의 동양적인 표현이라 보아도 좋을 것이다.

28

늦은 장마 덜 가서 무덥던 2009 하룻날
정장 넥타이 모습으로 광화광장 걸어갔다
초추 햇살 따가운 한 날 새로 가꾼 광화광장
세종로 사람 이도 님과 이순신 무영無影의 길을

*의疑와 의義 한결 마음으로
사직 조선을 지켰던 충무공
청동 이순신 동상은 그냥 그대로
돌 깎고 땀 갈아서 광화문 거리
손바닥 손톱 겨우 적시며 흐르는
물길에는 600년 한성 도읍 조선역사
터진 차량 소리 두 귀와 코를 막으면서
한양 서울 역사의 물길을 따라서 걸었다
600년은 낮밤 하루로 이십일만 구천 일(219,000) 터
검은 대리석 물길 아래 새긴 사이 아른아른 조선역사
나라 꽃 아버지 세종 임금 충무 동상이 서고 앉은 거리

600년 낮밤 세월 219,000일
하늘 뜻 받든 백성에게 임금은 신이었지만
신처럼 숭앙받는 참 사람으로 임금님의 길은
내 신발 먼지 씻고 말려서 하늘 뜻 붙잡음이요,
백성이 곧 하늘이다, 공경 정음 한결 한글 창제 마음
**신履을 신고 벗는 법 알았던 흙발 사람을 신神으로 모신

재운 빛 솟는 힘 터진 숨소리 광화 광화광장 길을 걸었다

세종 이도 님 품은 낮은 하늘履
한결 군자남면, 백성에게 밥을
백성神에게 밥은 하늘이란 말씀 따라
황금빛 세종 좌상坐像 후손들은 앉혔다
왼편에는 600년 살아오면서 사람들 일을
사람들 일을 ***'인도'왼편에 새긴 광화문 거리
광음轟音과 두꺼운 햇살 지열 길을 느릿느릿 걸었다

나랏돈 받는 신하가 죽어 사는 길은
목숨은 나라 사직 위해 헌신짝을 버리듯
나라를 신神 모시듯 맘을 실천했던 충무공
목숨 삶은 반드시 죽고生卽死,
죽어서 반듯하게 사는 맘 숨死卽生 사람 이순신
신履이어서 신이 된 사람 이순신 청동 칼날 거리
*****'신도'법 따라서 청사 물길 오른편 충무의 길
새로 씻고 닦은 광화문 끌리고 씌운 듯 걸어 나갔다

*
의疑 : 조선시대 조정의 疑라는 벼슬은 지금 청와대로 말한다면 경호실장의 자리다. 당시의 임금 앞뒤좌우로는 疑. 承. 補. 佐라는 벼슬자리가 있었다. 承은 지금의 비서실장 자리요, 補와 佐는 전문 지식을 가진 해당부처의 좌우 보좌관이라는 뜻이다.

**
신履이 신神이~ 길 : 중국 당나라 때 禪의 대가였던 6조 조주혜능이 신을 섬긴다는 사제직의 사람들에게 준 비유의 가르침이다. 한날 조주가 머물던 절간에서 고양이에게 불성이 있느냐 없느냐로 논쟁이 붙었고 결국 스승은 고양이의 목을 치고 말았다. 때에 밖에서 돌아온 조주는 스승에게 학승들의 논쟁에 대한 자초지종을 들었다. 스승의 얘기가 끝나자 조주는 자기가 신었던 신을 벗어 머리 위에 이고 몇 번 절 마당을 돌다가 밖으로 나가버렸다. 절간에서 기숙하는 학승들의 쟁론에 대한 조주

가 보여 준 행위로의 답이다. 내 밖에 있는 인습이나 관념으로 神이 아닌 성전으로 身, 즉 몸을 지탱해 주고 있는 신발 속에서 神을 찾아야 한다는 활인검처럼 가르침으로 좋은 말씀이다.

서구철학자들은 길이로 가늠되는 신체와 생각을 가진 정신은 질이 다른 실체로 갈라서 사유해 왔다. 우리도 이런 생각에 젖어 있고 이런 신체와 정신의 분열상을 조장, 빌미로 하여 장사를 하는 종교집단들도 있다. 참 안타깝고 어리석은 일이다. 그러나 조주의 행위는 나의 몸 맘을 완전과 필연으로 신에 귀의해야 함의 자세를 말했다. 스피노자는 이런 조주의 행위를 통한 절대의 증거를 心身平行論이라 했다. 이 또한 좋은 말이다. 조주와 스피노자의 행위를, 성서는 네 몸이 성전이란 표현을 썼다. 사람이 희망이라는 말씀이다. 이런 삶의 자세를 현재 선생은 몸맘이 아닌 맘몸이라 했다. 귀를 나팔통처럼 열고 들어야 할 금언으로 말씀이다.

***

神道와 人道: 동양의 예법과 종교의 의례는 신도는 오른쪽에 산 사람의 인도는 왼쪽으로 표상했다. 神右道 人左道이다. 周易의 이 원리에 따라 조선시대 벼슬 위계도 좌우정 다음 우의정이었다. 서구 종교 또한 예수가 하늘에 올라 하나님 우편에 계신다는 말이 이것을 잘 증명하고 있다. 또 우리의 몸 구조도 좌심방 우심방이라는 말의 순서처럼 오른쪽은 보호되어야 하는 약함을 나타낸다. 왼손잡이인 나 같은 사람에게 불효자라는 말을 붙인 것도 약한 오른쪽을 養正하려는 이치로 나는 해석하고 있다.

예컨대 차도가 있는 길을 걸을 때는 여자는 오른쪽으로 남자가 왼쪽으로 걷는 것도 이 오른쪽 보호의 이치가 적용된 것이다. 주먹이 먼저라는 현실에서 볼 때도 우도인 신의 존재는 있어도 그만 없어도 그만인 것처럼 느껴지는 것이 이런 오른편이 지닌 약한 특징 때문이리라. 그러나 서구와 달리 동양에서 약함은 강함의 반대만이 아니다. 주역은 신의 속성을 보이지 않는 음이라 했다. 음은 그냥 약한 것이 아니라 살아 있는 것들의 모태 즉 뿌리라는 말이다. 말이 지닌 모순의 필요성을 노자는 道可道非常道 名可名非常名이라 표현해 두었다. 좋은 말이다.

이런 모순의 수용이 어머니의 삶이요, 시가 있어야 하는 존재가치요, 재미이기도 하다. 괴테가 말한 영원한 아름다움은 여성에 있다는 말을 했지만, 장자는 혜시와의 대화를 빌어 아무리 경국지색傾國之色 여자라도 그녀가 연못가를 거닐면 족류가 다른 연못 속 고기들은 숨는다는 말을 했다. 서양은 음양을 선악 대립구조로 보았지만 동양은 음양을 상보적 관계로 이해하였다. 지금 우리 사회의 경우는 보수와 진보 혹은 좌익과 우익의 문제로 대립하고 있다. 꼭 누군가에 의하여 이런 일이 조장되고 있다는 생각이 나를 묶고 놓지 않는다. 그러나 그 해결의 방책은 양극이 아닌 주역의 지평처럼 상보의 관계로 서로를 볼 때 우리 사회가 달라질 것이다.

살아 있는 나무의 뿌리는 陰이다. 뿌리의 힘으로 나무는 하늘에 꽃과 열매를 맺게 한다. 음에 대한 기대와 두려움, 있음으로 보이지 않는 힘이 영원한 삶에 적용되는 것을 죽어 사는(死卽生) 이치의 이룸이라 한다. 주역은 온전한 인간에 대한 정의와 이해를 궁신지화窮神之化라 했다. 볼 수는 없지만 '있음으로 음(神)'에 대한 치열한 궁리가 있을 때에 신(履)을 신고 다니는 사람이라도 신의 경지에 이를 수 있다고 해석한 것이다. 이것이 연꽃을 든 석가의 現象을 보고 象을 읽고 연꽃을 해석한 가섭의 혜안이었다.

또 주역은 身, 神의 합일을 적연부동감이수통寂然不動感而遂通이라 했다. 즉 사람의 사(死) 속에 신이 있다는 뜻이다. 됨과 다움으로 어머니와 철든 아내처럼 죽어야 사는 삶 법으로 신뢰 수치이다. 참 좋은 말이다. 나는 이런 신과 인간, 또 사람 속의 신이란 관점에서 지하철 계단의 오른쪽(神道)을 신을 신고 오르내리는 법도(神)를 정부에서 시행했다고 보는 사람이다. 이것이 인간을 천시한 물신 사회에서 '사람을 신처럼 존대함'으로 확대되기를 바라고 또 좋은 정책으로 번지기를 바라는 사람이다.

광화문 세종 이도 님 동상

29

조선 역사 600년이 전류처럼
얇고 검은 대리석 물길 따라 흘렀다
역성易姓 태조 이성계 나라 건국으로부터
세종 즉위 한글 창제 동서분당, 사단칠정
공리공론 주먹들, 맨주먹으로 울며 태어나고
손을 편 채 죽고 태어남으로 실사구시 논쟁들

임란 정유 일본 침탈, 이순신 한산대첩, 병인 신미양요
목줄 타고 흐르는 땀줄기 닦고 닦다가 윗도리 벗어들고
물길 600년 청사 왕복 세 번 땀 젖어 걷는 살점 궤적을
젖은 넥타이 풀어서 들고 무영 정오 조선역사 길 걸었다
땀 흐르는 몸은 꿋꿋이 심지心地는 엎드림으로 물길 속 역사
*꼭대기, 꼭 그래야 한다는 정오 마음으로 물길 따라 오갔다

*
　꼭대기 : 산이나 사람의 앉은 자리의 정상이면서 꼭 손을 대야 할 곳에 손을 댄다는 뜻이다. 집안의 수도꼭지가 결국 저수지에 닿아 있기 때문에 꼭지만 돌리면 물이 나오듯 마음을 꼭 대고 싶은 곳에 두고 놓는다는 뜻이다. 사람이 사는 사이에서 언로요, 물이 흐르는 통로다. 우리말이 가진 다양성의 묘미다. 우리말 꼭대기, 이 말은 유영모 선생의 한글로 철학하기의 핵심어 중 하나라고 나는 생각하고 있다. 지금까지 내 삶은 꼭대기가 아닌 기웃거림과 흔들림이었다. 오리새끼처럼 촉촉한 곳이면 주둥이를 대고 싶어 하다가, 자조의 웃음, 때론 함박웃음도, 눈물도, 병도 들었고, 실존이 아닌 '그저'나 '거저'로의 존재가 내가 지내 온 지금껏 나의 지하길이나 저자거리에서 방황이요, 서성거림이었다.

30

2009년 10월 15일 가을나절
새로 단장 광화문 분수대 하룻날
충무공 동상 솟구치는 물보라 앞에 섰다가
*경국제세 덕치주의 나랏말씀 세종 임금님
반쪽이나마 나라가 해 아래 섰음으로 본령本領
세종대왕 동상 지하 세종대왕 영상기념관 찾았다
지하 길이었지만 내 나라 아이들 검은 눈동자 웃음
늙은이들 눈빛이며 처진 어깨 국화 가을처럼 가벼웠다
가을 옷차림, 가을 마음 눈빛 가을로 전시관을 오갔다

經國濟世 德治主義 : 중국과 우리가 지향했던 내성외왕内聖外王의 중요성을 압축해 놓고 있는 말이다. 나라의 기강을 성현의 말씀에 의해 정립하고, 왕은 내가 앉은 자리에 맞는 나됨으로 서 있는가에 대한 질문이요, 답이다. 이 질문의 답을 위해서 내 방심하기 쉬운 마음을 存心으로 양성하고 맡겨진 일에 최선을 다한다는 뜻이다. 경국제세의 글자의 풀이다. 經은 경서(성현의 가르침, 사서오경)를 말하며 안으로 선왕의 선한 유지를 받들고 잇는다는 뜻이다.

國은 영토, 언론, 법과 제도의 뜻을 지닌 단어이다. 옛날에는 이 삼권을 잡은 이가 왕이요 왕이 있는 곳이었다. 그래서 國이란 말 속에는 '왕인 나와 나만을 위한 패거리가 나가야 나라'가 된다는 뜻이 숨어 있다. 제민에서 濟는 건너다, 건진다는 뜻으로 광화문 세종대왕의 동상에서 세종의 얘기가 있는 지하로 가는 계단 '백성의 하늘은 밥이다'라는 말에 잘 나타나 있다.

왜 세종은 치국이념을 법이 아닌 밥이라 했을까. '밥'은 솥(鼎, 나라)에 쌀을 넣고 상극인 물과 불이 밥을 위하여 상생으로 돕고 죽는데서 만들어진다. 지금 이 나라의 좌우익의 여야처럼 태클이나 반대를 위한 반대만의 엇물림과 재단裁斷이 아니라 나라사람들의 밥을 위한 협력관계라는 말이다. 나아가 덕치주의에서 핵심은 덕이다. 德은 行, 直, 心의 합성어이다. 경서를 통하여 배우고 익힌 이론이나 처세법을 나부터 실현하고 펼친다는 뜻이다. 이 덕치의 이론을 플라톤은 철인정치라 했고, 퇴계는 18세 어린 왕 선조를 위하여 内聖外王을 주제로 한 성학십도를 만들어 나라에 올렸다.

훈민정음도 이런 '경국제세 덕치주의' 관점에서 창제된 것이다. 우리 모음 三才 ·(하늘, 양성)—(땅, 음성) ㅣ(사람. 중성)의 원리에서 중성인 ㅣ를 사람의 상징으로 한 것은 하늘질서가 땅에 적용되어야 바른 사람이 된다는 덕치주의 핵심을 잘 말해 주고 있다. 일의 핵심은 사람에게 있다. 즉 나에게 있다. 이것을 유학은 하늘과 땅의 허점을 사람이 깁는다는 표현을 썼다. 결국 사람이 문제이고, 사람다운 사람이 나올 때 문제가 해결되고, 문화가 진보한다는 것이다. 이것이 우리 문화의 정화로써 훈민정음 28자 창제 배경이었다. 진정 세계가 부러워하며 UNESCO가 인류의 문화의 꽃으로 인정한 우리 한글의 창제 정신이다.

31

묵언默言 청바지 파란 눈 큰 키 사람들 한 떼가 쏟아져 들어왔다
카메라 터뜨리다가 부동 훈민정음해례 앞의 내게 눈 숙여 웃었다
언제 뒤 와서 선 것이었을까, 작은 키 검은 머리 덧니 처녀애들
네댓 명 처녀애들 훈민정음해례 앞에서 찬찬, 찰찰, 머뭇거렸다
내 눈빛과 웃음으로 물음에 우리말로 연세학당 어학연수라면서
부러운 맘 뒤따라서 걸음 더디 훈민과 정음 말씀 나누고 받았다
손 흔들어 보내고 최만리 상소 장면 나는 힘줘서 발을 멈추었다

집현전 부제학 최만리 새로운 글자 불가
당시 식자란 이들 목 심줄 상소문 핵심 부분이다
*"성현의 문자를 배우지 못하면 세상 일에 어둡다"

그 새끼들 또한 미국 보냈다는
진보 계열 한 간부의 말이었다
"우리민족끼리를 위하여
남한 땅 미국 앞잡이들과
제국주의자 미군쉑기들은
어여, 빨랑 나가라"

그런 말 뒤에는 항상 하늘 향한 상앗대질
늘 분노의 얼굴 여자와 남자들이 함께하였다
나라는 빙글 뱅글 참으로 가가소소 어지럼증

약소민족 싸움 터 숨 몰아쉬며 화염 서녘으로 길

내가 없는 세종대왕 동상 그림자 지하길
그 날 그림자 없는 광화 지하길 걸으며
홀로 산길서 샘물 만나듯, 그 날은
그 날만은 폐광에서 금강석 빛이 오르듯
지상 날보다 밝았던 곤지곤지坤地坤地 하루였다

*

'성현 문자 ~ 어둡다' : 최만리 등이 세종께 올린 정음창제 실용화에 대한 반대상소문의 핵심 글귀다. 우리나라가 중국 한자와 다른 글자를 만들어서 사용하면 한문으로 된 유학경전과 성리학을 알지 못하고 멀어지게 된다. 그 결과로 나라가 무식해질 것을 두려워한다는 요지의 말이다. 지금 영어를 모르면 안 된다고 발광하는 사람들을 보면 이에 무엇이 더 다르겠는가. 이것이 광화하지 못한 조선시대 중화요, 거르지 못한 영어를 섞어 쓰는 지도층이라는 그들의 일상어법이다. 특히 속성 거짓학위를 거머쥔 사제들의 설경舌耕이지 못한 입에 발린 설법이다. 이 모든 것이 우리의 정음을 죽이고 겉핥기로 몰아가는 또 다른 소중화, 점입가경 친양화다. 천명은 우리글 정음을 한민족에게 주었는데, 이것이 약소민족의 운명이다. 코뚜레처럼 큰 것들 앞에서 거저 죽는 뇌사 중독 사상이다.

32

짓고 헐기 몇 번이었던가, 광화문
더욱 고증 복원 중이라는 숭례문은
가리고 가리어 복원하면 뭐 하겠는가
서울 4대문 위 하늘문과 길은 열려 있지만
마음 문과 눈 감고 닫아 상장喪章 두른 정략일 뿐
반대와 오직 반대 위한 편 가름으로 지금 내 나라

세종 이도 님은 반대를 수용 금강석처럼 우리글 28자에
+α ㅸ, ㆅ, 하늘 이치 가져와 30자 사람 이치 만들었는데
떨어지지 않는 걸음 타박타박 뒤돌아 지하계단을 올랐는데
출입구에 나라 위한 세종 이도 님 첫 등극 처음 말씀이셨다

'의논하자'
광화광장 역사의 가을 길을 걸었다
봄꽃들 살갗 향이 사라진 뒤 서릿발 향기
위태 역사 지킨 황국 향기는 이런 것인가
세종실록 황국 향처럼 서리말씀 길을 걸어갔다

"계급장을 떼고 한 번 붙어보자"는
불 헛바닥이 아닌 모여 의논하자는 얼 튼 어른 말씀
'의논하자'
나와서 모여 의논하자
광화광장 가을 하룻날
늙은 시인의 가슴팍에
푸른 격檄으로 와 안겼다
불 머금은 피땀 말들도
대쪽 가르듯 서릿발 말씀도
국화 가을 향으로
모아 올려야 한다는
얼 튼 어른 재운 빛 솟는 말씀
모두 나와 모여서 의논하자는

33

하늘, 땅, 사람
사람들 성정 본뜬 정음 우리글
11자 기본모음 三才 시작은 ● 아래아 음이다

무극 0은 없어 있음이다
●은 있음으로 하나요, 하나에서
☯은 본래 음과 양 두 축의 불연속 파동과 입자^{粒子}다
∞은 무극에서 태극으로 연속 불연속 팽창수축이다
이 태극 속 수축팽창 파동 입자가 재운 빛 솟는 힘이다

*주역의 0과 ●와 ☯, ∞가
우리글 기본 세 모음의 **시^始였고
퍼짐으로 ***태^胎의 단단 움직임이다
땅과 하늘 사이에 생각 집을 지은
없이 있음 안에서 사람으로 파동과 입자요
무한을 안고 안은 사람, 무극이태극^{無極而太極}이다
○, ●, ☯, ∞은
있음^{子音}의 자궁 어머니^{母音}이다
없이 있어서 계심으로 터짐이요
진공묘유의 공심^{空心} 피리 세계다

천지창조 여섯째 날, 하나님이
흙에 바람 버물여 사람을 만들었듯이

'없음이 있음의 집(無極而太極)'
소성 괘와 대성 괘 응축과 펼쳐짐이
동양식 천지창조요 무극이면서 태극으로
너의 나와 나의 네가 있음으로 광화 집이다

세종 이도 님과 집현전 반듯 오롯 젊은 학사들은
없이 있는 무극 우주 이치 본뜨고 빌어서 우리글
훈민정음 28자 속에 태극 음양 사상 팔괘 적용하여
소리글자 하늘계단 세 단계 훈민정음을 만드시었다

하늘 불빛 태양을 바로 붙잡기 위해
세종 이도 님은 해시계 만드시고
땅 불과 물빛 하늘 측정 위해
사람 이도 세종은 측우기마저 만드셨다

참으로 신령한 우리글 훈민정음 스물여덟 자모
모음은 천, 지, 인, 소성 괘 삼재 본받아 그리고
자음은 발음기관 본떠 오음체계 대성 괘 만들었다
세 발 가마솥 걸고 물불 어울려 오곡밥 지어 내듯
흰 옷 하얀 마음 사람들 작은 나라 위해 만드셨다

*
○, ・, ∞ = ◉

○은 무극이요, ・은 태극이다. 이것을 나는 마음 속에 몸이 있는 세계라고 본다. 이런 경우를 유불선에 두루 통했던 송나라의 유학자 소강절은 바다(마음) 위에 떠 있는 배(몸)라고 했다. 좋은 비유다. ∞은 무한대의 기호이면서 음양의 굴신력, 파동과 입자를 나타낸다. 나아가 ∞은 동지에서 춘분과 추분을 거쳐 하지까지 해와 지구 사이의 원근으로 생긴 4계절과 24절후의 변화응축을 그려 나타낸 것이다. 이처럼 우리 태극기(◉)는 봄(땅☷)을 상징하는 元을, 여름(불☲)을 상징하는 亨을, 가을(하늘☰)을 상징하는 利와 겨울(물☵)을 맞이하기 위한, 감추어 저장됨의 貞을 그려 넣었다.

바꿔 말하면 우리의 태극기는 하늘이란 시간과 공간이라는 땅과 그 사이의 존재자로 있는 태극인 사람을 그린 것이다. 즉 사람이 태극임을 전제로 하여 사람을 時와 間이라는 공간을 합하여 서 있는 현존재로 보았고, 가능으로 열린 존재로 사람을 보았던 것이다. 이것이 태극의 삼재사상이 배경이 된 반쪽 땅이지만 열린 세계 속의 우리글 정음의 바른 이해요, 차렷으로 바른 자리매김이다.

그러나 한편 짚어 두고 싶은 나의 태극기의 색채 배열에 대한 작은 상념이다. 지금의 남북과 북남, 그리고 동서의 상극에서 빚어지는, 목을 조여 옴의 괴로움이다. 지금의 갈등과 반목의 표상을 태극기의 색채 배열에서 보았기 때문이다. 무극이 태극으로 변하는 과정 속에는 위 보기의 그림처럼 우리의 태극기의 탄생에는 춘하추동 4계절과 유학의 사단인 智(겨울 貞), 仁(봄 元), 禮(여름 亨), 義(가을 利)의 성정과 靑紅黑白의 네 색채가 반영되어 있다. 당시 서둘러 국기를 만들어 상정할 이유는 있었지만 우리의 태극기의 색채를 하늘의 푸름을 본뜨고 붉음으로 땅 빛을 본떠 대립으로 그린 것은 성급함이었거나 너무 단순했었다는 생각이 들었다.

왜냐하면 우리 태극기의 근원이 되고 있는 무극이태극에서 주역이 말하는 겨울은 黑(玄武), 봄은 靑(靑龍), 여름은 赤(朱雀), 가을은 白(白虎)이었다. 우리 태극기의 정신이 음양의 상응과 조화를 잡으려는 주역의 상생과 상극의 조화 정신일진대 양과 양의 기운인 청홍을 태극기에 그린 것은 조화가 아니라 한쪽으로 쏠림이었다. 단순히 땅과 하늘색을 상징했다하더라도 이것은 역의 본래 뜻으로 볼 때 상생이 아닌 상극일 수밖에 없다. 음의 기운인 백과 흑을 빼어버린 태극기, 구차하게나마 하얀 바탕과 건곤감리乾坤坎離는 검은 색으로 하지 않았느냐는 말은 너무 궁색한 변명이란 내 생각이다.

차라리 네 가지 색을 넣어서 그렸다면 어떠했을까. 또 계절의 방향은 시계바늘마냥 돌아가기 때문에 네 계절의 으뜸인 元으로 봄빛인 청과 걷어 들임으로 利인 하얀 가을빛으로 했더라면 좋지 않았을까, 나는 한때 남북이 어울렸을 때 함께 들었던 우리나라 지도, 흰 바탕(白, 가을)에 파란색(靑, 봄)으로 우리국토가 그려진 기를 보면서 차라리 태극기의 색을 이렇게 그렸더라면 좋지 않을까라는 생각도 했었다. 지금 태극기가 만들어진 개략이나마 해설이요. 주역의 계사상전 태극, 양의, 사상, 팔괘의 과정으로 우주생성론에 입각 태극기가 그려진 배경이다. 또 주나라 문왕의 후천 8괘도와 노자의 무극이론, 송나라 주돈이의 태극사상도 도입되었지만 양(봄빛, 청)과 양(여름의 빛, 홍)만의 대결 팽창구조가 반쪽 한반도 태극기의 배경이다.

태극기는 1882년 8월 9일 고종의 특명전권대사이자 개화파이면서 수신사였던 박영효에 의하여 제물포의 한 일본의 商船 위에서 구상 제작되고 사용되었다고 한다. 당시 나라의 살 길은 일본의 발전을 받아들여야 한다는 개화파, 박영효는 생각했을지 모른다. 힘, 힘이 뻗쳐야 나라가 산다는 생각에서 주역의 음양사상에서 양의 괘만 모아 원 안에 청홍이란 陽 기운을 붙잡았으리란 생각도 된다. 한 지우가 지면에서 본 얘기를 나에게 했다. 인공위성에서 보면 지금 비무장지대가 태극기의 ◉를 빼닮았다는 것이다. 이것이 어찌 우연이라고만 할 수 있겠는가, 또 단순히 해가 있는 하늘은 빨강으로, 나무가 있는 땅은 파랑으로 생각해서 만들었을 수도 있다. 1942년 대한민국임시정부에서 최초로 한국의 국기를 태극기라고 하였다. 또 남한만의 1948년 7월 2일 제헌국회에서 지금 태극기가 국기로 채택되었다.

남북 귀일歸一 국기 모형도

**

　지금 대한민국의 국기 바탕은 靑紅이다. 언뜻 생각하면 땅과 하늘이지만 주역의 바탕으로 그려진 그 근본을 볼 때 청홍은 봄과 여름이다. 즉 음양에서 陽만이요, 양기의 충돌이다. 나는 언젠가 우리 겨레가 歸一의 때 지금 국기의 바탕을 봄여름이란 푸른빛과 가을 겨울의 흰빛으로 했으면 좋겠다는 생각이다. 그리고 밖에 두른 ☰(하늘, 가을), ☲(불, 여름). ☵(물, 겨울), ☷(땅, 봄)은 그대로 둠이 좋겠다.

* *****

始와 胎 : 무극이태극의 원리를 '없어 있음'이란 말로 풀이한 이는 우리말로 철학하기 유영모 선생이다. 없어 있음이란 우주생성의 근본이치요, 이 이치를 여자(始)가 어머니(胎)로 되어가는 과정으로 비유해 풀이하였다. 또 모든 암컷들이 가지고 있는 힘을 노자는 보이지 않음으로 있음을 현묘지문玄妙之門이라 했다. 이 여자의 시와 태로 현묘지문이 보이지 않아 더욱 있음으로 집인 암컷이 陰의 힘이다. 여기서 여자는 약하지만 어머니는 강하다는 말도 생겼으리라. 주역 계사전은 아이를 잉태하고 키우는 아기의 집과 땅으로 어머니를 직방대直方大라 했다.

직방대란 곧고, 넓고, 크다는 뜻이다. 땅처럼 모든 것을 싣고 있는 여자의 뻗어가는 마음의 집, 땅의 힘이란 뜻이다. 이것이 암컷으로 始요, 아내 됨으로 胎요, 어머니라는 '직방대'이다. 나아가 땅의 본래 의미이다. 땅의 부드러움, 모든 암컷들은 부드러운 흙처럼 참으로 신비하고 위대한 것이다. 심지어 암거미는 서커스처럼 줄에 몸을 매달려서 태어난 새끼들에게 제 살을 먹이로 내주면서 새끼들을 키워왔다. 이것이 우리 어머니들의 교육열이다. 이 거미 마음이 시와 태요, 어머니의 곧고, 넓고, 큰마음이다. 어머니의 힘이 시의 뒷부분에 부분 인용되는 난중일기를 보더라도 충무공의 나라만을 위한 '必卽死生'의 용기와 힘도 직방대인 어머니의 말씀에서 용출된 것임을 알 수 있다.

34

태극기는 불역 무극이 변역 태극으로 길
무극 속 변역이 태극 속의 불역을 붙잡고
바깥 원 가운데 점 하나 점을 따라 두 선
무한을 그린 것이다

팔괘의 네 틀인 하늘과 땅, 물과 불을 그리고
태극의 사방에 놓았다, 하늘 땅 사이 사람이 서듯
삶은 물로 씻고 불덩이 붙여 올린 쌀밥의 깨끗함이다
물과 불은 상극相剋 상생相生 우리 삶에서 반드시와
필수품으로 한결 깨와 끝으로 꼭대기다
상극 물과 불이 밥을 지을 때는 상생으로 스며듦이다
너와 나 '알얼'집 정음 28자 하늘, 땅 마음 상생 상극
가운데 중성 사람 세움이 세종 이도 님 민본마음이었다

광화 세종로는 수직수평 만남으로
*정정야政正也 거리 되어야 우리가 산다
군군신신부부자자君君臣臣父父子子 두 손 모음 나라
세종로 광화 광화광장 거리여만 나라가 산다
작은 나 임금이 임금답고 더욱 작은 나 신하가 신하다움으로
연기뿐 작은 나와 너의 몸 마음을 땔감으로 나라를 서게 하고
아버지가 아버지다움으로 아들이 아들다움으로 집을 짓는
~답고 됨이 태극과 훈민정음 본래 마음이 집과 나라다

나 없음이어서 나라 더욱 있음으로 단단 팔다리
새참 밥 차림 논두렁, 법궤 사직공원 터가 광화마음이다

'백성의 하늘은 밥이다' 나라 글 만든 문화 밥 세종과
주린 허리 풀어 주는 밥, 중수中樹 박대통령 치세법이었다
도란도란 가족 온 나라 얘기꽃 밥상이 경제 본래 틀이요
다음 정경 법은 문화 밥상으로 백성과 어울리는 축제였다

분단 60년 지금 남북 북남, 남남 속셈들은 불덩이
물은 물, 불은 불끼리 냉온으로 달팽이 뿔 위 싸움터
형제는 미워하고 큰 나라에 목숨 줄 애걸 통일 삼국과
중화보다 더욱 옹고집으로 소중화 빙자하여 조선 600년
닦고 씻어 재운 빛 솟는 힘 광화 광화문 세종로 열었지만
2009 동지가 지나고 북풍 여린 가지들이 기지개 펼 때도
2010 눈 내린 겨울 광화문 거리 글로벌 외래어 광고 속에도
민족 존심 문무 두 동상 서고 앉아 속속들이 보는 거리에도
물불로 찢고 갈라져 밤낮 마음은 너와 나는 더도 덜도 아니었다

政正也, 君君臣臣父父子子 : 논어 안연 장에 나오는 말이다. 표의문자의 특장特長을 잘 드러낸 언어이다. 좋은 정치는 무엇이며 올곧은 체계의 국가란 무엇인가에 대한 명쾌한 정의다. 참으로 나라의 나라됨은, 내가 나가야 나라가 바로 되어 선다는 정치의 정의를 압권하고 있는 말이다. 뜻글자인 한자가 지닌 울림과 깊음으로 절정을 이룬 언어의 유리벽이다. 정치란 보이지 않는 나무의 뿌리처럼 곧고 넓고 정직하다는 것이다. 이 정직의 뿌리에서 싹이 트고 줄기가 오르고 꽃과 열매로 결실한 것이 政正也라는 말이다.

또 임금이 임금답고 신하가 신하다움으로 나라는 반듯해진다. 어버이가 어버이답고 자식이 자식다움으로 집안이 정돈된다는 뜻이다. 즉 내(小我)가 없어져야(無我) 가정과 나라가 바로 떳떳이 선다(大我)는 뜻이다. 참 좋은 말이다. 올바름의 기준은 보이지 않지만 꼭대기처럼 있음으로 존재함에 대한 신뢰이다. 나무에서 뿌리와 같은 것이다. 이것이 화엄경이 말하는 이사무애법계로의 세계이다.

나의 문제와 내가 획책하고 있는 일은 남은 몰라도 나는 안다. 正心으로 수신이 되어야 제가와 치국이 된다는 말이다. 뿌리의 건실함은 잎과 열매를 보아 알게 된다. 퇴계가 스승으로 한 주희는 큰 사람이었다. 송나라 철학자였던 주희는 백록동서원을 보수한 후 그와 학문의 입장이 다른 心卽理의 철학자 육상산을 첫 강의자로 초대하였다. 초대를 받은 육상산은 논어의 헌문에 있는 글귀인 古之學者는 爲己之學이요, 今之學者는 爲人之學이란 말을 인용, 당시 출세지상주의로 타락했던 유학, 즉 성즉리의 주자학을 서슴없이 비판하는 강의를 했다.

그러나 내가 안타까워하는 것은 주희를 스승으로 모셨던 성리학자 퇴계가 양명을 보았던 태도다. 퇴계는 양명과 같은 시대를 살았고, 퇴계의 몇 글을 보면 양명의 전습록(공자의 학이편에서 가져옴)을 읽었을 것으로 추정된다. 퇴계는 주자학의 병폐를 개혁하려 했던 왕수인의 특히 심즉리라는 양명학을 수용하지 못했다. 퇴계는 학행일치를 보여 준 우리민족의 큰 스승이었지만 양명을 수용하지 못한 것은 안타까움이었다. 이것이 작은 나라 작은 나와 우리들의 마음이다. 우리는 누구의 이름을 빌어 기념관을 짓지만, 생전 그와 상극의 입장이었던 사람을 개관식에 초대했다는 얘기는 듣지 못했다. 이것이 한결 약소민족으로의 특색이다.

주희가 살던 때는 금나라의 침략으로 중국이 둘로 갈린 송나라였지만 그래서 유학의 학행일치 도통이 절실한 때였지만 주희는 학문의 입장에서 그와 반대였던 육상산을 수용했다. 참으로 우리가 본받아야 할 중국 사람들의 큰마음이다. 이것이 경전을 가진 나라 사람들의 넋 둘레요, 마음가짐이다. 부럽다. 경전을 받아 깬 사람들의 마음씀은 이렇게 나를 넓게 함양성찰하고 내려놓는 일에도 솔선수범이었다.

35

낮밤 티격태격 변형 DNA 모이 쪼는 닭 새끼들처럼
도시 오물덩이 진주 빛 꺾인 비둘기 절뚝거림처럼
25만 분의 1 세계지도 속 쥐 눈알만 한 내 나라다
하늘 향한 주먹 눈물질 하늘 비만 내리면 이 땅 바다가 된다
형제 가슴에 불 주먹질만 우리의 숨 삶터는 사막이 되고 만다

동서북남, 동고서저 땅 놓고 와각상쟁
불은 불끼리 갈라지고 어울려 어지럽고
물은 물끼리 어울리고 갈라져 현기증이다, 내 나라
하루는 모래 말, 하루는 가시 말 시궁창에 뱉어 보내는
서해는 불바다 하늘 있음을 믿는 이들마저 말 사막으로
어제 지금 장래 내 나라 무저갱 불덩이만 보는 슬픔이다

오월 한날 세종 해시계 마음 하늘 터 광화문을 걷자
하룻날 오월 세종대왕 측우기 마음 광화문을 걸어가자
씻어 난 이 세종 이도 님 극極에 오르면서 처음 말씀이다
'모여 의논하자' 우리말 우리 글귀 광화문 하늘 열어 걷자
삼면 밤바다 비친 등대처럼 충무공이 꼭 있어야만 하는 거리
먼지 내 마음 털고 씻어 너를 우러러 세종로 위 하늘을 보자
자주 독립 광복 민본 꿈이 솟는 빛 터 광화문 함께 걸어 보자

36

충무공은 1592년 임란에서 1598년 정유재란까지
전라 좌우수영左右水營에서 추구월 경상도 한산섬
지금은 민족 존심 터 제승당 됐지만, 충무 순신은
오직 나라만을 *주일무적主一無適 마음 하나 붙들었다
조정은 압록까지 파천에도 갑론을박 갈리고 찢겨 난파
충무공은 마땅히 나아갈 적適을 동해 물결 길 짓밟아온
노략질 왜구 떼거지들을 원수 적敵으로 바꿔 침몰시켰다

조정은 도망치면서까지도
동서 나뉜 탁상공론 쌈박질
삼도수군통제사란 여윈 말뿐
삼도 수군통제소 한산 수루
여윈 달빛을 뒤집는 절절한 가락
누구인가 흐느낌 가락으로 일성호가
공은 날 세운 파도 홀로 애간장 밤을 지새웠다
지금은 한산도 나무들 창창한 햇살 숲, 제승당
한산도 제승당 봄가을 빛만 몇백 하청河淸인가
홑옷과 갈비뼈 휑한 가슴살 마음으로 나라 지켰던
흰 옷 선열들은 민족 지존 순례터 되고 있지만

경상도 한산에서 전라 우수영 울돌목 해역까지
선연鮮姸 흰옷 여자들 강강술래 달빛 살점 옷고름과

홑옷에 선혈 그대로 붉은 살점 광대뼈 마른 사내들과
깨진 어금니 깨물고 옹이 손바닥 소금물에 담그는 때에
인례의지 허울, 4대문 안 군신들은 갑론을박 가시헛바닥
公과 홑옷 백성들 재운 빛 솟는 힘 묶어 광화 오늘을 지켰다

*

主一無適 : 하나만을 굳게 붙잡고 다른 것은 접고 끊는다는 뜻이다. 곧 절제의 뜻이다. 이 마음으로 증자가 공자를 붙잡은 것이 공자의 충서忠恕사상이었다. 충서가 선비들에게 적용될 때 정재엄숙, 상성성常惺惺, 계신공구戒愼恐懼 주일무적이 되었다. 옛 선비들이 스스로를 각성하고 학문을 매진하는데 중요한 입언들이었다. 이 말을 이순신에게 들려준 이는 율곡 이 이라고 전해오고 있다. '主一' 이 한 마음으로 직핍했던 올곧은 마음이 충무공으로 하여금 계급장을 모두 뗀 때도 백의종군이라도 나를 수용하고 전장터에 나감을 견디게 했다. 이것이 내 삶을 먼저 '옳'로 붙잡고 너를 보는 충서, 즉 주일무적의 정신이다.

광화문 충무공 이순신 동상

37

*"공산주의는 호열자와 같다.
호열자와 인간은 함께 살 수 없다."
반쪽이나마 건국대통령 우남雩南 이승만
반공을 국시國是의 제 1로 삼아야 한다는
푸른 동해 물 위에 이승만 라인 그었지만
연역법 논리 맴돈 느슨한 안팎 나라 통치
GNP 166 위 보릿고개 찔레꽃순 의식주였다

▶ 1960년 남한 성인 1인 국민소득 79~82弗
가나와 수단과 같은 지구상 가장 빈한한 나라
그러나 남한은 오늘날 세계 11대 무역 국가이며
1996년부터 OECD 회원국이 되었다.
〈독일국정교과서 고교상급반 지리책 92쪽〉

3,8 따라지 우리들 먹고 자는 초가 세 칸 집
분단 칼금 남조선 뒤에는 아프리카 네 나라뿐
주체사상 박음 통치 위한 귀납 유물사관 변증법으로
천리마 운동 김일성 아귀아귀 북조선보다 뒤쳐져 있었다
보릿고개 쑥과 나물, 찔레꽃순 미역 파래, 갯냄새 시절
잊지 못할 UN탕湯, 그 시절 생각이 날 때면 성큼 부대찌개집
이승만 물 위 물금을 그어 배고픔 나라 지킴 당키나 했겠는가

때부터 지금까지 남한 땅은 천 번 울음 만 번 웃음
북한 땅은 한 사람 손아귀 안에서 아귀아귀 사람들에게
현금 통제 언로 통제, 사람들은 순한 아기, 아귀가 되고
북한 땅은 장군의 아들, 아들들 대장으로 등기 사유화 되고
여럿 계좌 한 통장으로 입금입출 손아귀 꽉 오늘에 이르렀다

38

사각모자들이 4.19 광화광장 쓸어가던 전 날
도서관서 내려오다가 나는 안면이 있었던, 한
정치학과 학우 '함께 참여합시다' 비수처럼 말씀
피하여 앙드레 지드 좁은문처럼 그 날도 부산 뒷골목
보수동 좁은 언덕 헌 책방 골목길 고개 숙여서 걸었다
정음, 을유 세로글씨 세계문학전집 짝을 찾아서 걸어 나갔다

진달래 꽃비 혁명 사월 남산 우남동상 목 부러져 끌려 다녔다
구국일념으로 5. 16 군사정권이 나라를 접수한다고 했다, 이후
새마을 노래 부르며 국민재건체조, 태극기 앞서 수직 거수경례
연역 방법 보완하여 일거수일투족 귀납으로 묶어서 국가보안법
동시 상영 화면 위로 비도 내리고 불이 꺼지면서 애국가 3절까지
화려강산 애국가 새들은 둥지 떠나고, 혹 갈대 불 물고 사람들은
청계천에서 마로니에 뒷골목서 우르르 부서져 울부짖기도 했지만
우리는 쇠젓가락 잡는 슬기와 끈기로 새벽 눈 비벼 빈궁 잘랐다

＊
　　공산주의는~ 함께 살 수 없다 : 남한의 지금이 있게 한 건국대통령 우남 이승만 대통령의 말이다. 나라 일각에서는 이승만 대통령 바로세우기 운동을 벌이고 있다. 우리 근대사를 보는 관점은 다르겠지만 지금도 이승만 대통령 동상이 부러진 채로 명륜동 어느 집 뒤뜰에 방치되어 있다는 소식은 참 안타까운 일이다. 却說, 계면조 가락으로 지금 나라 넋의 둘레를 바라본다. 생각해보면 그나마 우남이 남쪽에 반쪽의 나라라도 제대로 세웠기 때문에 장 면 내각 혼란기는 물론 전두환으로, 김대중 선생님도, 나는 좌익이라 자살을 시도 성공한 노무현 같은 계급장을 떼자는 율사출신도, 대통령의 자리에 돌아가며 앉게 된 것이 아니었겠는가. 이것이 북한의 3대 세습을 찬양하는 세력들, 그들이 진보라는 말의 허요, 우리사회의 생각 없는 잘못된 인식이다. 진보라는 말이 흔들려 부딪쳐 변하면서 앞으로 나가는 것이라면 지금 우리의 남한 사회가 참된 진보사상을 가졌다고 보는 것이 역설적 진보라는 나의 관점이요. 남한의 진보사상 공헌 자가 박정희 대통령이란 나의 생각이다.

39

처음 재건 복장 차림 가끔 색깔안경 군사정부는
대젓가락 대쪽 가시에 박혀 아리고 매인 36년, 일제
혈맥마다 쇠못 박아 꿈 속까지 현기증 왜구 치하 36년
조선총독부 안에서 차렷과 거수 자세로 나랏일 해야 했다
빛과 얼 터 광화문 추녀는 눈비 감발 까막까치 놀이터였다
국토 관절마다 쇠못 왜구 잔재 걷어내는 일이 쉽지 않았다

36년 압제 세월, 아니 1905년 을사년
외교권 박탈로부터 40년, 제국주의 일본은
삼각 줄기 북악 혈맥 따라 쇠못 박아 큰 대자
경복궁 가려 광화 남문 터엔 날일 日字 자字 돌기둥
태평로 지금 서울 시청 있는 땅바닥은 근본 本을
뒤집어 위장하여 써 세우고, 네 대문 지하물길은
그들 호국불교 묘법연화 妙法蓮花 꽃무늬 놓아 덮었다

식민사관 일본학자들의 '조선 역사의 타율성'
조선 추종 학자들은 한 술 더 떠 독려하였다
대일본제국 대동아 내선융합 내선일체 內鮮一體
조선 청년들은 학도병으로 나가야 한다
강제 징집된 처녀들은 정신대 挺身隊 란 미명으로
경상, 제주 등 장년들은 군수 軍需, 탄광촌으로

중수는 만주 군관학교 출신이라는
사람들이 찍고, 찢긴 몸이었지만
군복 벗은 맘 대통령은 미룰 수 없었다
역술인들까지도, 당시 기적이라 들떴던
기적처럼 10억불 수출 탑 세우는 일 앞서
치고 베어야 할 것은 마음 속 극일이라 했다
일본 해군들이 가장 매서워했다는 충무공 동상을
광화문까지 뜯어 옮긴 조선총독부 일장기 청사 앞에
忠武, 충무공 이순신을 광화광장 세움이 먼저라 했다
태평로 한 길 나라 강녕이 삼천리 무궁 꽃핌이라 했다

▶ 세계 최빈국이었던 한국이 박정희의
새마을운동을 시작으로 불과 20년 만에
세계적인 무역국가가 되었음을 경이롭게 본다.
〈폴 케네디 예일대학 교수〉

40

흰 옷 가슴 사람 충무공 이순신
공은 우리에게 조자룡처럼 용장이나
여포나 장비처럼 맹장 용맹만은 아니었다
물의 때와 물의 턱을 알았던 지장智將이었고
나라 위한 정화수 어머니 꿈꾸고 깨어 슬퍼했던
효자였고 먼저 간 막내아들 면葂의 죽음에 가슴을 친
하늘 우러러 가슴을 뜯는 슬픔 아버지요 신장神將이었다

우리는 초근목피 임란과 정유재란 7년과
대동아 내선일체 회유 서대문형무소 핍박 36년
박대통령은 주린 배 부황 뜬 아이들 먹임부터였다
너와 나 뱃심 기르고 길러 일어서야 함이 먼저였다
잊을 수 없었지만 다시 손 벌려서 한일협정 맺었다

지금도 활화 열도 일본은 지진과 해일로 불안할 때면
성범죄자 성적충동처럼 내 나라 동해 쏠개 섬 독도를
쏠개 섬 독도와 너머 백두대간 엿보며 신사참배로 들썩
작은 조국 분단 슬픔 우리들 가슴을 들쑤시는 섬나라다
덧니 근성 섬나라 노골적으로 토하듯이 드러내고 있다

일본 교토에 있는 조선인의 귀 무덤

41

쓰나미tsunami는 선착장 또는
배가 정박하는 항구를 덮치는
성난 파도 이름이다
지진나라 일본 사람들은
진파津波라 부른다고 했다

해저 판 50Km 쯤 지각변동에 생기는
지진 성격 해일에 붙인다는 이름 쓰나미
1946년 알래스카 근처 우니마크 섬 7,5강진이
태평 하와이 사람들 일백오십 여 목숨 덮치면서
1963년 국제과학학회에서 공식 용어로 썼다는
일본어 tsunami는 국제과학학술용어가 되었다

리터 척도로 6.5 이상 판의 흔들림이 있을 때
칡덩굴 뒤얽혀지듯 너울너울 높은 파도갈퀴가
연안지형 반사나 굴절에 의해 차례 차츰 짓이겨
경천동지驚天動地, 용호상박龍虎相搏
별 하늘과 달빛 바다 모래성까지 할퀴고 모자라
진동파가 터지고 펴져 초음속 버금 속도 파도로
하이에나나 대머리 독수리 떼들처럼 뛰고 날아
꿈틀거리며 살고 죽은 것들을 향해 돌진해 와서
찢고 내동댕이쳐 칠흑바다로 쓸어감이라 했다

쓰나미 현상에 대하여
우리들은 '왜'라는 물음보다
'어떻게'란 분석과 해석에 몰두하였다
어떤 이들은 해저지각 판도의 부딪침이라고
어떤 부류 이들은 사람들 지나친 편리 추구로
자연의 성난 복수극이요 지구온난화가 원인이라고
영상매체와 조간신문 인터넷은 지구 끝 날이 보인다고
미증유 필설^{筆舌} 속에서 우리는 더러 울먹임과 무심으로
불 실은 검은 파고 TV 앞에서 내 목덜미를 확인하면서
연민과 공포의 동시동존 비극 경고 가치를 늘어놓았다

시인들도 '어떻게, 무엇을'빠져 골몰해 있었다
'무엇'이란 이념과 '어떻게'란 유희에 빠져서
우리 시는 '왜'라는 근원 물음에 너무 외져 있었고
시가 시로 서고 있어야 함으로 연꽃 올리듯 카타르시스
정화된 영토와 영혼의 밭갈이에 너무 손을 놓고 있었다
시인으로 서고 붙잡아야 할 '왜'란 당연한 물음과 답은
외면하고 붉은 몸뚱이 고뇌를 폄하 부끄럼에 살져 있었다

쓰나미,
우리들이 이런 천앙에 휩쓸렸다면
깎은 머리에 빨간 띠
가슴에 검은 리본, 반대결사

소리들이 작살처럼 서로의 가슴을 꿰어 뚫었거나
불난 집에 작은 부채질처럼
하나님의 노함을 알리는 노아의 홍수 때 물 벽보라고
800만 귀신 나라에 당연한 소돔과 고모라의 불 벽보
알림판이라고 터진 입으로 말도 서슴지 않았을 것이다

쓰나미를 맞은 어느 날
정화수 놓듯 일본의 한 어머니 말씀이었다
우리들이 너무 피를 벗기고 깨끗 초밥을 즐겨하여서
우리가 주변 나라에 모진 칼질 이총耳塚까지 짓을 해서
하늘 그물에 걸려든 필벌必罰이라 울먹이는 말법이었다

한편 내 나라 먹물깨나 가방끈이 긴 사람들 중
죽음들 앞에서 슬픔을 한 줄로 묶어서 우는 듯한
일본인들 특유 그들의 판 *'shoganai' 질서정연 족적
한 걸음 또 한 걸음씩 소가나이 그들 행동거지 보면서
일본은 무너짐 앞에서도 왜, 어떻게, 저런 의연함일까
쓰나미가 휩쓴 사람들 자리 원자로에 불이 붙어 올라도
일본은 울음마저 매듭에 묶여 있다는 감탄과 전율이었다

적멸寂滅,

지상 십오륙 미터 쓰나미의 쑥대밭

너울, 칡덩굴 진파가 휩쓸기 전 나는

사람 꿈틀과 오종종 씻은 날개 새들 연석정

일본 나들이로 바로 사는 법을 조련 받았다는

성긴 머리 모은 두 손 꺾은 허리 사람이 그리워

사람이 사는 집 연석정의 적적에 취해 있던 때였다

*

shoganai : '어찌 할 수 없다'는 뜻의 말이다. 800만여 작은 신god을 붙들고 살아간다는 일본인들이 자주 쓰는 말이다. 소가나이는 운명이란 말의 일본식 해석이다. 사람의 한계를 자각한다는 不得已의 뜻이다. 우리가 쓰는 운명이나 서구에서 천명과 대립해 쓰는 뜻과는 다르다. 일본은 두 개념을 다 수용해서 쓰는 듯하다.

42

흰 옷 종종걸음과 페맨
13척 싸움배로 23전 23승
대통령은 충무공 이순신 '유비면 무환'이라는
그 몸 맘을 본받고 실현해야 우리가 살아남는다고
작은 키 대통령은 그의 키보다 큰 신검神劍을 생각했다
군사정부 첫 마음은 민족 존심 신장으로 받들고 만들었다

우리는 아직 스스로 버티는 힘을 길러야만 했던 때
수호신으로 공을 세워 우편 손에 청동 칼집과 칼자루
광화문 앞 세워 태평로 한길 걸어가야 한다는 신념으로
공의 동상 좌우에 23전 23승 임란 그 날 우리 수군 배치도
아우성과 하얀 옷 피비림 목숨 꺾어 지킨 나라 잊지 말자고
충무 동상 앞에는 화강암 깎아서 철갑 거북선 모양 반듯하게
임란과 정유 해전도 본떠 깎고 새겨서 광화문 광장에 놓았다

43

1968년 청명
4월 하룻날 하늘에 고축함으로
*중수 대통령 박정희는 충무공 동상 세웠다
지금도 허리 꺾인 채 경기도 파주시 도라산역
경의선 전철화로 서울역에서 문산까지 50여분
마의태자 아픈 전설 도라산 역에서 돌아오고 있지만
서울서 신의주까지 녹슨 철길 달리지 못하고 있지만

**'통일 넘어 귀일歸一'의 날에
내 나라 동남서북 후손들을 위한
중수 님은 쌀밥에 고깃국 생각이었다
고픈 배 먼저 다져 채움이 재운 빛 앞서
솟은 빛으로 광화문을 여닫는 힘과 법이라고
광화문에 민족 지존 충무공 이순신 동상을 세우고
덜 익은 한글 현판 서둘러 광화문 시멘트로 복원하였다

무심과 ***경敬 마음으로 충무공 동상
우러러 사람들 오고 가는 이들도 많았지만
장군의 오른손 칼자루 붙잡음 말도 많았다

식자들 얄팍 터진 입술과
엇물림으로 혹은 박수하는 척 입방아들이다

장군님 칼이 저리 무거워서
어찌 싸우기나 하였겠느냐는
장군은 왼손잡이였던가
고증도 하지 않았느냐는 낙엽처럼 입방아들
상상까지 통제함은 불가지만 가소로운 소리들

****오른손으로 칼을 잡음은 이미 투항한 패장이라는
조각가가 무식해서 오른손에 칼자루를 쥐게 했다는
갑옷이 무거워서 싸움이나 어떻게 잘 하였겠느냐는

세운 이가 군인이라서
자기 업적을 수평 혹은 수직
등가교환等價交換으로 왜곡시켜서
서둘러 만들고 세워, 저 모양이라는

어떤 사람들은 12.12 사태 전까지 공의 동상
피해서 걸어다녔다는 봉두난발 유언과 비어들

＊

중수中樹 ; 박정희 대통령의 아호다. 중수란 '나무의 ᄀ온'이란 뜻이요, 삶에 적용할 경우 중심을 잡고 선다는 뜻으로 해석도 된다. 박정희 대통령은 그의 아호처럼 나라의 치산치수에 힘쓴 사람이다. 특히 치산치수와 삶의 기본인 의식주 문제의 해결을 위하여 온 힘을 쏟은 사람이었다. 5,000년 역사에서 우리에게 지금의 경제적 바탕과 여유의 틀을 놓는데 가장 힘을 다했던 사람이었다. 박정희 대통령의 이 업적만은 이 나라 사람이면 누구도 부인하거나 부인해서는 안 될 것이다.

＊＊

통일 넘어 귀일 : 統一은 어깨를 견준다는 뜻으로 결국 하나는 주가 되고 하나는 종이 되는 귀속이라는 의미의 단어이다. 성서 누가복음서에 나오는 형제와 형제로의 이해관계. 그러나 歸一은 부모와 자식의 관계. 지금까지 남북 혹은 북남의 대화를 보면 양보의 한계와 억지의 정도를 극명하게 보여 주고 있다. 부모의 마음인 귀일이 될 때만 북남 혹은 남과 북이 하나가 되는 귀일의 길이 열릴 것이다. 이 귀일의 힘으로 하나가 되는 근원도 훈민정음의 창제정신인 어지에서 찾을 수 있다. 지금 허울 좋은 우리민족끼리라는 북의 계산을 깔고 있는 말에 혹해 있는 사람들, 나도 한 때 그 말의 매력에 젖어 있었으니까, 이런 전략상 계산된 통일이란 말에 혹해서는 안 된다. 2011년 2월 6일 한 신문지상의 중국에서 운영되는 대남 선전 사이트의 글이다.

김씨일가 나라세워, 김수령님 건국하고/ 정통성을 이어받아, 정일장군 발전하니/ 일국발전 도모하세, 은혜입어 결사봉공/ 미제소탕 목표삼아, 개선문에 청년장군/ 친위부대 결사하니, 새시대가 열리노라/ 놈들모두 혼쭐내네, 끼리모여 만세삼창/ 이 글 노래가 발표된 뒤 어느 날 중국에 있었던 이 선전문을 만든 '우리민족끼리' 담당자의 행방이 묘연했다는 전언이었다.

＊＊＊

敬 : 우러름이다. 나를 관계의 밑에 둔다는 뜻이다. 나의 귀는 바로 열고 입은 가마솥 뚜껑처럼 막고 신 앞에 서서 두 손을 모은다는 뜻으로 퇴계는 '敬'字를 파자하여 해석하였다. 또 그렇게 살려고 노력했다. 퇴계철학을 관통하는 핵심어는 바로 敬이란 이 한 글자이다. 성학십도의 아홉 번째는 敬에 대한 내용과 그 요지를 경재잠을 그리고 도식화하고 해설을 붙였다. 지금 말로 바꾼다면 경이란 나와 나, 나와 너의 만남에서 나는 너를 그것이란 수단이 아닌 인격과 목적으로 대한다는 뜻이다.

또 달리 표현한다면 거경궁리라는 말인데, 바르게 서서 살아가야 하는 유학의 선비적인 삶의 자세이다. 삶의 외경을 가르치는 성경의 산상수훈은 화평하게 하는 사람이란 표현을 썼고, 선불교는 진공묘유라는 말을 썼다. 가정으로 말할 때 敬이란 출세한 자식이나 지아비 어깨 뒤편 보일락 말락 거리 저만큼 숨은 자세로 서 있는 작은 키 어머니와 아내의 모습과 마음이라고 보면 이해가 더 빠를 것이다.

＊＊＊＊

神劍右道 : 주역에 보면 신도는 右요, 인도는 左라고 했다. 광화문 충무공의 동상 오른손의 칼집에 꽂힌 칼은 이런 공이 나라를 위한 主一無適과 백의종군까지 감내하였음을 표상하고 있다. 민족과 나라 있음의 존심, 즉 있음을 지키기 위해 하늘이 우리민족에게 내린 이순신은 신장이었다. 나는 공의 오른손 칼을 하늘 뜻으로 보고 있다. 장군은 이 통천洞天의 이치를 그의 병법에 적용했었다. 즉 충무

공 동상의 우도는 하늘이 이순신을 통해 민족의 자긍심을 지켜주었다는 의미다. 박정희 대통령의 충무공을 바라보는 洞天의 신념과 조각가 김세중 교수의 온유강의溫柔剛毅한 성품이 일치된 마음에서 神劍右道의 충무공 동상이 이루어졌으리라 필자는 추정하며 확신하고 있다. 꼭 그래야 하고 그래야만 한다는 것이 내 생각이다.

　神劍右道를 두고 말이 많았다. 그러나 당시 동상 제작을 주관했던 해당부서나 또 대통령과 동상 제작을 맡은 조각가 김세중 교수 사이의 동상 제작에 대한 대화록이 있거나 혹 이 일의 추진을 도왔던 덕수세가 문중의 기록이 있다면 이를 뒷받침하는 중요한 증거가 될 것이다. 또 정유재란 당시 명나라 장수였던 진 린은 충무공과 왜적을 물리치는 전략 문제를 두고 의견충돌이 잦았다. 진 린의 말이다. 그는 皇上賜我長劒의 말을 들어 이순신의 목을 칠 수도 있다는 명 황제의 신(右)적 권위를 상징함으로 우리나라 장수 이순신을 위협했다. 이때 진 린의 말에 답한 충무공의 말이다. "한 번 죽는 것은 아까울 것이 없다. 나는 하늘 아래 내 나라 대장으로 적을 내버려 두어 우리 백성을 죽일 수 없다." 이 또한 장군의 오른손 칼의 정당성과 당당함을 증거하고 있는 말씀이다.

　한편 단순히 생각해 볼 때의 경우다. 장수의 위엄을 보이기 위해 상서로움과 의의 상징으로 오른손에 칼을 잡아 조각을 했을 수도 있다. 왜냐하면 박정희 대통령이 명령, 위엄, 절제의 군대식 언어를 사용했던 군인이었기 때문이다. 세종의 말씀처럼 어떤 대상을 두고 언로가 열리는 것은 좋다. 그러나 임란 정유 당시 7년 왜란 때 민족의 존심이었던 충무공의 동상을 두고도, 소위 식자라는 사람들의 ~아니면 말고 式의 난도질처럼 말을 함부로 하는 것은 약소민족의 좋지 못한 말장난과 말버릇이다.

44

구국 영웅으로, 군인정신 표상으로
빛 거리 광화문 충무공 이순신 장군 동상
북한은 gold sun star 평양성은 김부자金父子 기쁨조
우리는 행복합니다, 어버이 슬하 행복나라 건설입니다
자연보호 기차여행뿐, 장군님을 사수합니다 붉은 글씨

남한은 구국일념 군인정신? 표상으로 군인 이순신을
광화문에 세움 빌미되어 동서분쟁 해방신학, 정의구현
이름 아래 더욱 단단 다져 터짐으로 맞서 갈라져야 했고
60여 년을 불가사리나 해파리 떼뿐 빈 그물질처럼 사상논쟁
우리말 모음 터 하늘 땅 바다 사람 가슴에 군사대치로 멀미

북한 나랏말은 송곳이나 칼날처럼 우리식 우리말
남한 나랏말은 구라파식 비빔 어투에 가슴 내주고
칼 품는 듯 북 방송언어 구리파식 비빔 남쪽 일상어
28자 우리말글 분질러서 의미마저 단절시키고 말았다

45

여중생 *'효순이, 미순이'
탱크 미군 이동 훈련 중 사고로 사망
때부터, 붉은 띠 약소민족 피눈물과 촛불제사
2007년 노란 풍선이 서북 황사를 타고 온 나라
화염 불꽃으로 휩쓸었다, 미완 광화문 세종로에서
서울광장과 태평로 태극 대한문 때로 산성빗발 속에서
한여름이면 창궐하는 발꿈치나 발톱 틈새 무좀균들처럼

김해김씨 터 김해 봉화마을 미네르바 바위
세계역사상 대통령까지 한 사람의 투신자살
현직 나라의 대통령 하얀 국화꽃 하얗게 짓밟힌
북남 동서 틈바구니서 으깨어진 목숨 하나가
서울역을 떠나던 날 서울광장 살풀이 시간에
원통 혼백 달랜다는 노제路祭 그 때 나는 보았다
중수重修 복원 중인 청와靑瓦 광화 광화문 2층집이
둥둥 꽃상여처럼 올라 서녘 하늘로 날아가는 것을

✽

효순이 미순이 사건 : 2002년 6월 13일에 일어난 미군 탱크가 전방에서 이동 작전 중, 귀가길 두 여중생의 치사사건이다. 이 사건의 해석을 두고 보수와 진보 세력화가 건널 수 없는 강처럼 되고 말았다. 나아가 '맥아더 동상' 철거 사건으로, 평택 미군기지 이동반대 사건 등으로 온 나라는 미증유 시궁창으로 빠졌다. 지금도 이런 갈등에서 헤어나지 못하고 있다. 북한은 움쩍도 하지 않는데, 남쪽 우리끼리 더욱 선을 깊이 긋는 계기가 되고 말았다. 참으로 안타까운 일이다.

해석解析에서 '解'의 파자는 소의 뿔에 칼을 댄다는 뜻이다. 장자의 남화진경 양생주에 나온다. 포정이란 백정이 소를 잡는 解牛法을 빌어 정치하는 법을 당시 제후 문혜군에게 해석했던 장주의 유명한 글귀가 있다. 2011년 구제역에 걸린 소나 돼지를 생매장하는 모습을 보면서 정부의 경망스러운 일 처리에 나도, 또 많은 사람들도 분루를 깨물며 마음을 닫았다. 생각이 짧고 대화가 없는 정부와 대통령의 일 처리, 참으로 안타까운 일이었다. 새로 꾸민 광화문 광장에 온화와 인자함으로 우리 세대가 앉히신 세종대왕 이도 님의 말씀이다. 광화의 마음으로 세종로 광화광장으로 나아들 오니라, "의논하자."

105

46

보이지는 않지만 쇠망치 소리
잡히지는 않는다 하지만 쇠사슬
분단 60년 탈출구 찾아, 스스로
나는 좌익 대통령 '맞다' 때부터
말씀이 옳다는 박수를 보내는 이들과

좌익이 아니라 '친북'이 옳다는
친북보다 종북 세력이라 함이 더 옳다는
경문왕 귀 대숲처럼 들끓어 가마솥 소리들
좌익정권이 무너져 바뀌고 소용돌이 봉화마을
그는 인기전술 표본 포퓰리즘 신봉자니
인기몰이 몰락이니 '~처럼' 벼랑전술이니
망치와 쇠사슬 너무 목을 죄어서 그랬을까

오월 한낱 경남 김해 봉화 마을
반쪽 나라 대통령까지 했던 이가
부엉이모양 바위에 올라 '투신자살'
우리나라 좋은 나라 금수(禽獸)들 금수강산
때부터 2009년 봄날 노란 풍선들 인산인해
4대문 하늘 가리던 하룻날 나는 늘과 항상
고양시 풍동 식골 공원 커다란 태극기 휘날리는
태극기만 낮밤 매단 새벽 태극 길을 혼자 걸었다
좌파 노무현 대통령의 유언 중 몇 매듭이다.

"삶과 죽음이 자연의 한 조각 아니겠는가.
누구도 원망하지 마라. 운명이다. 화장해라.
집 가까운 곳에 작은 비석 하나만 남겨라.
오래된 생각이다.
〈좌파 노무현 대통령 유언 중 몇 매듭이다.〉

47

살煞,
살풀이는
구천九泉에서 九天까지 잇는
피 목숨 불 끓어 올리는 춤이다

흰 옷깃 여민 소매 한 구렁텅이
닳은 손톱과 무진 원한 마음 끝이
늦은 밤 어머니의 무명옷 베틀노래처럼
적막으로 만나는 살풀이춤
살풀이는 골 골짝 깨우는 노래와 춤이다

하얀 소매 휘도는 속마음은 천만 갈래
진물 상처 소금을 뿌리는 아림 춤이다
밤을 물고 터진 피 입술 올려 호곡하는
춤사위와 침묵 촛불은 소리하는 벽이요
살煞, 한겨울 쩌렁 얼음이 깨지는 소리다

흰 옷 가락으로 급살을 묶는 살풀이는
모진 살덩이 목숨 모닥불처럼 춤이지만
겨울 툇마루 쓸어가는 하늬바람 춤사위
가락은 잘린 매듭에서 봄 꽃봉오리가 오르듯
구천에서 구천까지 잇는 은하길
맑은 눈물 부르는 하얀 춤이다

때에 사람들 침묵과 슬픔은
눈인 가지들 바람이 눈을 내리듯
내린 눈 위에 지상의 햇살 눈이 부시듯
살풀이는 하얀 재 살라 불꽃 열매 춤이다

살풀이는 핏빛 칼 물어 추는 춤이지만
살풀이춤은 한겨울 어머니 베틀노래처럼
베옷을 입은 여자가 잉앗줄에 다시
닳은 손마디 멍 발꿈치를 거는 춤이다

48

풍동 초등학교를 건너에 둔 산보 길
밟혀 뭉개진 누런 종이쪽 하나 주웠다
세종과 충무공 선 세종로 광화문 자리에
해방민족 해와 별이신 장군님을 세워야 한다는
평안북도 오지奧地서 이미 작업이 끝나 있었다는
충무공과 나란히 세워야 한다는 작고 검은 글씨
발자국 찍혔지만 흙길 걷는 늙은이 눈에 밟혔다

하루도 빠지지 않고 남북 오가는
날다 터진 수소풍선처럼 유언비어 홍수들
짓밟혀 몇 곳 터진 작고 검은 글씨, 주워 보관할까
부황, 북한 아이들 정맥혈 선연한 뱃가죽의 오버랩
뛰는 가슴 불룩해진 아랫배 쓸다가 그냥 지나버릴까
5,6십 년 보릿고개 때 부황으로 나와 내 또래 아이들
주운 종이 발기발기 찢고 찢어 길가 휴지통에 넣었다

처진 내 겹 살가죽 힘주어 쥐어 보았다
아렸다
우리는 왜, 언제부터, 무엇 때문에
민족은 서로 미워하고 쓸개까지도 큰 나라에 뽑아 보일까
낮밤 펄럭거리는 대형 태극기 올려보았다 언제부터였을까
깃봉에는 빛 낡은 천 조각 모스부호처럼 감겨 펄럭거렸다
대형 태극기 곁 불끈 서서 불룩 아랫배 비틀었다
아리고 아팠다

불꽃, 백팔번뇌, 저자 소장

49

환患, 역지사지易地思之 ①
〈 3% 곧은 목들 위한 행복 공간 〉

광화 광화문은
흰 옷 백성들 솟는 힘으로
삽과 곡괭이 받쳐 광화광장이었다
콧대로 친 난과 난亂 대원군 경복궁 중축
土大 부자들은 조리요리 세금을 피하는데
백성들 전국은 부역과 세금 등허리 터졌다
전라도 강진 땅 한 아녀자는 피 뚝뚝 지아비
양경陽莖 들고 하소연하다가 관아 밖 쫓겨났다

"시아버지 죽어서 이미 상복을 입었고
사내아이 배냇물도 안 말랐는데
삼대의 이름이 군적에 실리다니
남편 문득 칼 들고 방으로 들어가니
붉은 피가 자리에 낭자하구나
스스로 한탄하기를 아기 낳는 죄로다"

(※송재호 '다산 시' 연구 74쪽 남절양男絕陽 인용)

사람에 의하여 사람들 위한 빛 터전 광화광장
주머니가 비었다는 사람들 하늘 향한 주먹질과
배고픔보다 상대적 빈곤으로 배가 아픈 사람과

주머니 빈 사람들과 주머니 더욱 찰진 사람들로
재운 빛 솟아야 할 힘 터전 낮밤 광화 광화문은
하늘은 구름 비 땅은 체루 물대포 불 마음 사람들
뒤엎어 범벅이요 비빔밥 민족의 한풀이 광장 되었다

물대포와 죽창들만 대숲처럼 아우성
적수공권 거친 숨결과 화염 살결 뒤
너와 나 우리 새끼들 발톱 발등만 찍는
땅을 딛고 땅을 파 가꿔야 힘을 얻는데
광화문이 솟는 힘 찢고 막는 하이에나 터가 되었다

밤 말은 쥐가 듣는다는데 물대포 죽창 소리
대숲 소리 못 듣는 청와대는 당나귀 귀 늘과 항상
죽창 주먹과 빨강 노랑 황토 머리띠 묶은 사람들은
광화광장도 탈취해야 할 인민들 농토라 생각했다

※患은 忠과 대조를 이루는 말이다. 忠은 내 마음의 중심을 잡는다는 뜻이요, 患은 중심을 잡지 못하고 찢어지거나 무너진 상태의 마음이란 뜻이다. 사람의 삶 자체가 患이기는 하지만 그래도 집에서 부모나 나라의 어른들은 患의 마음만으로 상대를 흔들고 또 흔들리면 되진 않는다. 왜냐하면 충은 결국 국가에 대한 忠恕로 이어지고 환은 국가에 대한 患難으로 이어질 수밖에 없기 때문이다.

환患, 역지사지 ②
〈 신사참배, 빨치산과 6·25, 하늘사람 손양원 〉

척박 시나이반도 만나 맛은
새벽이면 내 나라 여수나 순천
아니면 소록도에 하늘이 내렸다는
호박잎이나 풀잎 또르르 이슬이나
빙어 뱃속처럼 하얀 서리처럼 허기虛飢
때에 내 나라 예수복음은 허연 허기 위에 내린
이스라엘 광야 40년 메추라기나 만나 맛이었을까

일제는 관동대지진 뒤 노골적인 내선일체, 신사참배,
창씨개명, 조선어 말살, 국토 맥락마다 굵은 못 박기
저들 물러나자 물빛 고운 터 여수, 하늘 뜻 비친 순천
순하고 고운 사람들 가슴에 불 질렀던 검은 헛바닥
1946년 좌우익으로 갈라 몸부림 '여순반란사건'
하늘 두 아들 동인·동신 죽은 주검 위 다시 확인 총살형
1950년 인공기 거부로 목사 손양원은 북한군에 다시 총살형
세상 버림받고 부모형제마저 떠난 사람들, 애양원愛養院
피 고름 사람들 입술로 빨아 하늘 길을 보인 순교자 손양원
좌우익 잿더미 슬픔 속 불씨처럼 살았던 하늘사람 손양원
손양원 목사님과 동인·동신 두 아들 잠든
초가을 전라도 갯벌 길 따라 유택 가는 길
유택 가는 길 풀냄새 개펄냄새 성성猩猩이었다

왜, 땅 사람 그의 사랑 법을
터져 오르는 화염 사랑이나
솟구치는 어뢰라 하지 않고
허연 재 하늘을 가린 원자탄이라 하였을까
땅에 내려와 터지는 원자탄 사랑이라 했을까
내려와서 터진, 내려와야만 비로소 터지는
원자탄 사랑, 삼위 성부 성령 하늘 예수가
성자 사람으로 땅에 온 길 때문 만이었을까

초가을 유택 가는 길엔
장난감 병정놀이처럼
집게발이 몸집보다 큰 게들 개펄잔치
서울 하늘처럼 회색 개펄 밭이 펼쳐 있었다

집게 세운 게들을 보다가 집게발과 온몸으로
개펄 밭에 길을 내며 싸우는 게판 세상을 보았다
"네 이웃 사랑하기를, 내 원수까지도"
개펄 세상에 길을 내는 집게발 게와 사람의 길
사랑의 원자탄 사람 손양원 목사님 개펄 짐을 보았다

길 끝에 묻힌 당신과 두 아들 무덤
초가을 한낮 햇살이 내려와 있었다
유택 돌아오던 길 당신 기념관 들렀다

신구약성서에서 천형이란 한센병 환자들
아니라고, 결코 천형 고름에 입 대어 빨았던
사람 하늘 손양원 사제 닳은 나무계단 기념관
아들 죽인 원수를 아들 삼아 사랑을 가꾼 사람

서울 오면서
유택 돌아오던 길에서 사람 목숨과 개펄 위
개펄 위 길을 내는 집게발 게와 사람됨 한 길
게들이 오가며 남긴 뻘밭 도랑 길과 함수관계
개펄진창 게 세상 진창 사람들 세상 나를 보았다

원수를 사랑하되 어투나 피붙이보다 더욱
내 원수가 고아와 과부를 더욱 굶주리게 할 때
더욱 원수를 사랑하는 일에 준열峻烈을 보인 사람
그래도 원수를 더욱 믿고 따라야만 함이 하나님의
하나님은 보이지 않아서 있음, 절대명령으로 사랑 법
일흔일곱에 일곱 번 사랑 계단을 오체투지 도장으로
개펄 위에 새기고 떠난 원자탄 사랑 솟는 힘 손양원

허연 재 원자탄을 만나처럼
소록도 이슬이나 푸른 서리처럼
낙타 무릎 한 길만 묻혀서 살았던 사람
사람이 만들고 사람을 쳐 죽인 원자탄을
사랑의 원자탄으로 사람 안아 올리는 법을,

때부터 60여 성상 지금도 동서남북 찢어져
교회마저도 교파와 세파世波 따라 진창 내 나라
여수 순천 고운 이름 찢고 찢긴 동족끼리 상박상잔

백의민족은 이적도 집게발 게 싸움 개펄 진창길
손양원 목사님 원수를 사랑했던 하늘말씀 법이
지금도 개펄진창 나와 너 위에 유효한 사랑 법일까

*
이 나라에 태어나 두 아들과 함께 하나님의 뜻을 지키다가 약소민족의 좌우익 싸움으로 순교의 길을 가셨던 하늘사람 손양원의 개략이다. 목사님은 경남 함양출신이다. 1938년 평양신학교를 졸업했지만 신사참배에 반대한 전력으로 목사 안수를 받지 못한 상태였다. 그가 부임한 애양원에서도 신사참배를 거부했던 그는 8·15 광복 때까지 옥고를 치렀고, 1946년에야 목사안수를 받았다. 1948년 여순반란 사건 때 동인, 동신 두 아들이 좌익청년들에게 총살을 당했고, 죽은 시신에 확인사살까지 했던 안재선은 손양원의 16세 딸 손동희가 국군부대를 찾아가 아버지의 뜻을 눈물로 전하고 목숨을 구해 양자로 삼고 목사의 길을 가게 했다. 손양원 목사는 6·25 남침 때에도 애양원을 떠나거나 인공기를 내걸고 인민군을 환영해야 한다는 요청을 물리치고 나환자들과 함께 병원을 지키다가 1950년 북한군에 의해 총살을 당했다.

1939년 7월 여수의 한센병자 수용 시설 애양원에 부임했을 때 전도사 손양원의 기도다.

이들은 세상에 버림받은 자들이옵고,
부모와 형제의 사랑에서 떠난 자들이옵고
세상 모든 인간이 싫어하여 다 꺼리는 자들이오나
오, 주여, 그래도 저는 이들을 진정으로 사랑하게 하여 주소서.

〈박재훈 창작 오페라 '손양원' 해설에서 부분 인용〉

환患, 역지사지 ③
〈 광화 한여름 차도르 이슬람 여인 〉

우물가에 앉아서 목말라 물을 길었다는
인자人子 예수가 만났던 복음서 속 그 여자
그 때도 여자는 잿빛이나 검은 천淺 차도르
뺨과 입술 온몸 가리고 두 눈만 내놓았을까

물동이에 빠져 있었다는 사마리아 그 여자
몸을 가릴수록 옥죄는 사슬처럼 한낮 목마름
'나에게 물을 달라'는
또 한 사내 던진 말이 사내들 틈과 틈 여자의 목마름
열사 한낮 사마리아 그 여자 마음 위로될 수 있었을까

2011년 모처럼 청렬함으로 우물가 여름 한나절
광화광장 눈만 내놓은 이슬람 여인 하나 만났다
나는 조선일보사 앞까지 먼발치 따라가며 걸었다
눈만 내놓은 채 검은 차도르로 찰랑찰랑 걸어가는
이슬람 여인 성공회 쪽으로 뒷모습을 감출 때까지,
호텔 코리아나 앞, 회전문이 열리고
흰칠 기집애들 부스스 뭉갠 입술 만났다

돌아서 몸에 지닌 플라스틱 물 한 모금 마셨다
한여름 수가성 밖 우물가에 앉아 그 여자는

목이 마르다는, 낯선 유대남자 예수 앞에서
2000년 지나 지금도 견원지간 팔레스티나 땅
사마리아 그 여자는 몸과 맘 어디까지 내놓았을까
광화문 지하길 등허리 파인 여자애들이 오르내린다

땅에 사람 성정性情으로 왔다는 예수님
목말라 나에게 물 한 모금을 달라했던
예수님의 목마름, 그리스도 예수도 온몸이
땀에 젖고 감긴 아랫도리에 바람이 지나갔을까
다섯 번이나 그 여자 몸을 문신처럼 감은 남자 맛
깡마른 유대 남자를 여자는 어떤 맛으로 바라보았을까

유대 남자 예수의 헐렁한 말이었다
여인이여, 다섯 번이나 네가 물을 긷고
긷다가 넘어지고 깨어진 무릎으로 물맛은
참물맛 아닌 더욱 소태맛이었을 것이라고
온몸 감싼 여인 맘 몸 훑고 뚫어 바라보았다
퀭한 눈 여자의 눈망울에 반짝 눈물이 고였다

그 날까지 남발濫發 차도르나 히잡 여인은
한여름 우물가에 앉아서 목마름이었지만
여자가 사는 세상은 그녀의 남발 옷처럼
더욱 낡고 검은 소태맛으로 쓸쓸함이었지만
유대 남자 터진 말씀을 듣다가 여자는 달렸다

턱에 닿는 숨소리로 수가 성문 내닫으며 외쳤다
우리가 바라던 메시아가 아니, 한 유태 사나이가
하늘이 비친 우물가에 지금 서성거리고 있노라고

서울 사람들 속에서도 한강을 지나
강남 벌이나 여의도 큰 집 사제들은
살맛나는 강남 땅 탄탄함과 건강한 몸매를 위해서
소금 말씀과 소금 계율은 접어두어야 한다고, 아니
진짜, 소금을 싫어해야 예배당에 우리들 맛난 만남이
뜯은 피부 결들인 만나처럼 유기농법 믿음이라 가르쳤다
후, 교회들 서울은 하마 뱃가죽처럼 진흙탕 목마름으로
콘크리트 유리벽 집을 지어 더욱 목마른 버짐 장터가 되었다

지하철 2호선 여름 신촌 대낮이었다
전라에 가까운 기집애 가슴을 할퀴듯
사내놈 불손 버르장머리와 사람들 눈매
한강 지나가는 경로석 앞좌석은 비었다
빈 자리에 물동이 사마리아 차도르 여인과
나란히 목마른 예수 그리스도가 앉았다면
사내놈과 기집아이 짓거리 보고
예수가 목이 마르냐고 가르쳤을까
아니 눈이 비려 입이나 떼려 했을까

문이 열리고 겨드랑이 훤한 블라우스

문신 눈썹 중년 여자가 소리치며 다가왔다
예수를 믿으세요, 교회 나가 예수를 믿어야
지옥 불구덩이 떨어지지 않고 천국에 갑니다
불 암수 젊은 것들 한 손에 플라스틱 물병
물병 찬 채로 온몸 꼬며 더욱 토악질이었다

구원의 약속으로 내게 믿음이란 무엇이었을까
여름 산 오르는 사람들에게 한 번이라도 샘물이었을까
샘물에 미네랄이 섞였다는 약수터, 사용금지 목마름만
유통일자 지나간 플라스틱 속 물맛만 못한 것이었을까
통치마 그 여인 젊은 암수 플라스틱 물병 쳐 지나가며
빛과 소금으로 오신 예수님이 우리 모두를 부르신다는
소음만으로 짜증, 메아리도 없는 내가 살고 있는 서울

상한 마음 사람들 치료법으로 예수의 소금 정결례淨潔禮
피맛골 석쇠 왕소금 뿌려 굽는 꽁치나 참치의 살 냄새
소금 예법으로 종교가 지탱되었던 따끔했던 정결 예법
소금의 맛 말씀 밟아버리고 눈 감아 미증유 지금 이 땅
그 때 예수를 사내만으로 검은 눈동자 팔레스티나 여인처럼
피맛골 식당 아주머니 차도르처럼 행주치마 생선 비린내처럼

지금껏 내 삶은 소태맛이었다고 성문 안 뛰어가 외친 여인
내가 붙든 믿음은 소금 계율 몸에 바른 참말 사람이었을까
하늘 우러러 한 번이라도 소금 시를 써 올린 시인이었을까

소금 언어 시인들과 소금 계율 사제가 그리운 서울의 지금
지금 내 나라는 피맛골 석쇠 위 꽁치나 삼치처럼 소금불에
소금 계율 몸에 발라 너와 내가 누워야 할, 진창 개펄밭은
불구덩이 목마름으로 물을 들고 목말라하는 한여름 광화문

환患. 역지사지 ④
〈 젖은 옷을 입다 〉

한여름 잡풀 길가, 서오릉西五陵
모진 빗발 걷힌 하룻날이었노라 했다
다섯 무덤을 가는 길목 비닐집들 즐비한
서낭당 넘어가는 오색헝겊 길처럼 서오릉
남녀 옷들이 오체투지五體投地 모습으로 눕고
눅눅한 옷들이 비닐천장에 걸려 있었노라 했다

속에서 어깨 굽혀 능참봉처럼 옷에 섞인 사내
말과 눈을 들지 못하고 순한 티 중늙은이 사내는
한 백화점 물 날릴 때 행운으로 가져온 것이라고
옷을 파는 늙은 사내의 고개 숙여 하는 말씀이었다
태엽 풀린 유성기처럼 쉰 목소리 허리 꺾어서 말했다
늙은 시인은 서오릉 앞 문인석처럼 서서 들었노라 했다

밥 주면 배가 불러서 노래했던 낡은 유성기처럼

조금 젖었던 떼거리 옷, 때를 운 좋게 가져왔다는
낡은 유성기처럼 중늙은이 사내 말씀을 따라
늙은 시인은 옷을 골라 걸쳐보았노라 했다
촉감이 어떠시냐고, 몸에 맞으시냐고
'진짜'란 말이 붙여지면 그만두려 했는데
'잘 맞아요'마저도 빼고 그저 어울린다고만
언어에 금줄을 치듯 그 사내의 드문 말씀법에
오체투지 눅눅한 옷들에서 시어 하나를 고르듯
젖은 옷들 뒤져 옷 한 벌 가져갔노라 했다

낡은 목선처럼 비닐집 해초나 해파리 촉수 걸리듯
Maker는 뜯겼지만 물 냄새 소독에 섞어 보드라운 촉감
물 냄새 밴 옷 내장이 시인의 등과 가슴에 닻을 내렸음을
가슴 이어 사타구니 팔 다리도 물 냄새 옷에 정박시켰음을
가슴에서 발등까지 물 냄새가 몸을 쓸어서
섬뜩 닻줄 끊긴 배처럼 뒤뚱거렸지만, 늙은 시인은
나프탈렌 감싸는 싸늘한 부드러움이 너무 그리웠음이
내 시의 길은 난파難破의 하룻날 아침과 저녁이었음이
불유구不踰矩까지 젖은 언어와 비틀어 삶이었음 보았노라 했다

삶은 낡은 목선처럼 금이 가고
개펄 몸 냄새, 그래도 지아비라고
염색한 머리카락 햇살 아래 낱낱 감추며
늙은 시인 아내는 그런 횡재가 어디 있느냐고

내가 가서 보아야 한다고
겉옷만 보고 어떻게 사람들이 사람 맘을 알겠느냐고
아내는 젖은 옷가지 나프탈린 헤쳐 고르고 또 골라서
가슴이며 사타구니 처진 어깨 골라 다독거리면서
빈한貧寒 아내만의 꺾기 말법으로, 흥정 한참 뒤
처진 가슴 가득함으로 집으로 돌아오는 길 행복
아내는 젖은 옷 기쁨에 젖어 지아비 옷 보았노라 했다

늙은 시인 나는
지금껏 내가 쓴 항해일지는
늙은 수부 젖은 노래뿐이었음이
작은 배 키도 한 번 움켜잡지 못하고
굵은 손 매듭에 낙인처럼 노만 저었음이
젖은 두 손과 두 발에 걸린 모국어는
젖고 찢긴 언어로 노만 저었던 천형天刑이었음이
지금 멀쩡하게 걸친 옷이 젖은 옷 중 하나라는
서오릉 갈림길에 이르러 내밀었던 늙은 시인의
주름 손바닥과 봉두난발 하얀 머리카락 악수

비 그친 모처럼
서오릉 햇살 속에
쇠꼬챙이 붉은 홍살문에
맑은 살점 하늘에 걸려 있음을 보았다
모진 빗발 그쳤던 그 날 늙은 시인 말씀이었다

퇴계와 고봉의 대화, 저자 소장

50

설경舌耕,
설경은 혀로 밭을 갈고
씨를 심듯 말을 심는다는 뜻이다

그만들 두자
서울에서 평양에서, 평양과 서울에서
~카더라, 아니면 말고 말투 허언虛言이나
하늘 아래 25만분 지도에 눈 씻어서 한반도
잘린 허리 뵐 동 말 동 반쪽 땅 다시 평양성은
4계절 하늘 가려서 새 하늘땅이란 세 치 혓바닥
지방은 지방대로, 서울은 강남교회와 강북 사람들로
알라딘 램프 속 거인이 철벅 밟으면 그만인 땅덩어리
인류의 태양이시며, 어찌 조국의
위대한 영도자가 딛고 떨칠 땅덩이가
마른 혓바닥으로 갈리고 찢겨서야 되겠는가

그만, 그만들 두자
구제역처럼 거품을 물다가 통째 묻히고 마는
형제 가슴 총칼질 협박 참언讒言 보고 확인하면서
남쪽끼리 줄을 갈라 왈가왈부 그런 두엄덩이 말들
불 칼질 보고도 눈을 감고 0,001%도 믿지 않는다는
허언, 참언 둘러대는 세 치 혓바닥 놀음 그만들 두자

새로 가꿔 꾸민
세종로 광화, 광화광장에서
모여 의논보다 모의 일삼는
여의도 국회까지 수직 수평 다리 하나
안중근 의사 견리사의 하늘마음 본받아
'의사 안중근 다리'라 이름 모셔 붙이자

'안중근 다리'나
'견리사의교'라 명명命名 하여
이기리利其利, 나와 너의 잇속 앞서
이기타利其他, 너와 나 이득 앞서 나라를 보는
안중근 의사 올바른 생각, 우리들 가슴마다 한 아름
한글반포 10월 9일 푸른 한날 우리들 속 검은 마음을
교각에는 하얀 글씨로 '챙김 앞서 옳음'을 본다는
견리사의見利思義
안중근 죽어 산 붉은 마음 희고 푸르게 새겨 올리자

설경은

얼 튼 이들 광화 말씀으로 세종로 광화문
그 얼 받아 자란 아이들 광화, 말씀 씨들
혀로 봄밭 갈아 가을걷이 보는 마음이다
때로 정음 하늘 아래 정결 씨앗 말을 뿌리고
무한 뙤약볕과 석 달 장마에 애타는 말씀법이다

훈민정음 나라 남녘 북녘, 얼 튼 이들 그립다
봄을 심은 붉은 팔뚝, 알알 하나하나 가을걷이
위하여, 때론 여름 용광로 앞보다 땡볕 말씀들
겨울 추위보다 더 여미어 잠그는 얼 꽃 시어들
혀로 논밭을 갈아야 광화 정음 민족 우리가 산다

51

잘린 허리 나라 남쪽 1960년대
작은 키 꽉 찬 마음 군인 한 사람
굶주림만은 걷어보겠다는 다문 입술 마음과
잘 살아야만 하겠다는 터진 손등 여민 마음
밥 먹는 일이 곧 나라를 일궈 지키는 일이라는
세종 임금처럼 '밥은 백성의 하늘이다' 다문 입술
저민 마음 낮밤 당찬 계획 처음 청와대 하루하루였다

한산섬 수루는 아니었지만 밤 지새 뒤척거렸다
우리는 구리팔뚝 두 팔다리 잘 살아야만 한다는
한결, 울음 묶는 마음으로 낮과 통금 밤들이었다
작은 키 큰 마음 한 사람과 몇몇 의기투합으로
열사 모래밭과 정글 비행기 속에서 밤낮으로 사람들
재운 빛 광화 깨워 화염으로 뛰고 뛰었던 사람들 큰마음
반쪽 우리들이 허리 펴는 지금의 때와 날이 되었지만
'옳'로 서서 사는 법 비무장지대 지뢰밭처럼 숨겼다
때부터 백성들 눈을 가리고 귀와 입을 꿰고 덮어서
3·8선 하나 더 동서와 가진 자 못 가진 자 사이를
세대와 세대, 생각과 생각들 사이에 벽 금 쌓고 그었다

처음은 작은 키보다 터진 마음으로
히루 하룻닐 마음 다져 시작이었지만
차츰 임진강 누런 복어처럼 바람이 들어갔다
바람 빠진 복어에 빠져서 감은 눈과 내린 꼬리들
양심 눈마저 가려져 굴절 또 굴절되다가
마침표 유신헌법까지 이어졌다, 때부터

준동蠢動과 충돌, 행동하는 양심들
양심보다 한 몸의 질편함을 탕자처럼 꾼들
나라 정세는 안개 자욱 장충단 공원 길이었다
8·15 광복 장충동 국립극장 광복절 그 날 단상
한복 차림으로 그 날도 뒤에 앉아서 총성 몇 발
무방비 긴 목 아내 먼저 보내고 혼자되었다

52

인터뷰, 서울의대 VIP 301호

지금은 국회의원이지만
서울의대 수간호사였던 이애주 님
연암 박지원이 사내대장부 좋은 울음터라 했던
그녀는 황해도 황금들녘 연백에서 태어났지만
남북 상잔 1.4후퇴 때 피란 조각배 타고 내려왔다
피란민 수용소에선 더러 건너뛰고 하루 한두 끼니
학교에서 돌아올 때면 이모들이 줄 섰다 얻어 온
술지게미로 취한 목숨 지탱하며 살아왔다는
소원은 서독 간호사로 선발됨이 꿈이었다는

서울의대 수간호사로 35년
건국 이승만, 좌파 노무현
두 대통령은 말고
VIP 301호 병실 하얀 옷으로 대통령들 만났다
병원에서 그들 행동거지는 힘듦을 묶는 절제였다고

어찌 잊으랴, 장충동 국립극장
육영수 여사 서거 74년 8월 15일
퍼스트레이디 육 여사는
오렌지색 작은 물방울무늬가 많은
피 젖어 한복인 채로 병원에 실려 왔었다고

일본조선거류민 문세광, 동해 건너서 온 JAL기
저격을 받고 30분 후 도착, 다섯 시간 여 뇌수술
머리를 관통한 총알이 뇌에서 돌고 돌아 나갔다는
AB형 혈액, 신경외과 집도의 심 교수는
"5mm만 비켜 갔어도" 수술실 나오며
환자용 새 옷과 시트를 가져오라 했다
육 여사는 VIP 301호실 환자도 되지 못했다

저격, 육 여사의 수술실 곁에 그녀는 있었다
"3단으로 덧댄 재활용 배치코트에
한복 속옷은 기워 입었더라고요, 글쎄"
수간호원에서 지금은 65세 이애주 국회의원
수술 현장을 지키다가 회복실로 옮긴 육영수 여사
"가망 없음" 그녀는 유품 정리하는 일 거들었다

그 날과 그 때에,
우리는 나오고 두 분만 이별 시간 내어드렸다
대통령 얼굴은 100가지 감정의 응축이었다, 그러나
짝 잃어 작은 키 대통령은 빙모님 어깨를 부축하고
살짝 숙인 고개 똑바로 병원 복도를 걸어 나갔다
청와대에서 여사 유류품을 보내달라고 해서
쓰레기통에 벌써 버려진 유품들 다시 뒤져서
꿰맨 배치코트에 눈물 싸고 안아 함께 보냈다

육 여사가 병원을 떠나고, 노을 때문이었을까
초가을 날 원남동서 바라보는 서녘 서울 하늘
정확하게 하늘은 보랏빛에 강한 빨간 핏빛
그 때 그런 자연현상을 신이神異라 할 수 있을까
모딜리아니 목이 긴 여자처럼, 빨간 저녁놀이
긴 모가지 감싸듯 서녘 하늘에 빨갛게 펼쳐 있었노라 했다
이 의원 증언 말씀에 나는 서녘 창가 앉아 핏빛 하늘 보았다

〈2011년 8월 14~15일, 중앙SUNDAY 재구성〉

53

*"백성은 나라 근본이요,
밥은 백성의 하늘이다"
나라 있음의 근원은 백성이요, 정부나
임금 존재함의 근본은 백성들 더운밥이다

아니다. 밥과 더불어 밥만 아니다
거부의 몸짓들 꿈틀거려 불로 터졌다

"근로기준법을 준수하라"
"노동자는 기계가 아니다"
"내 죽음을 헛되이 하지 말라"

한 청년 검은 연기로 청계천 하늘 길 후
붉은 머리띠 서울은 통행금지 낮밤으로
마른 눈물, 젖은 가슴 진창 만세 소리로
두 주먹 하늘 향한 작은 상앗대질로
노동 이빨 새벽 활화산처럼 도처에서 터졌다

2010 늦가을 전태일 다리 찾아갔다
무질서 오토바이들과 통기타 젊은이 두어
그 날의 노동요 바람 속에서 부르고 있었다
지구는 온난화라는데 명치까지 파고드는 한기

목화송이처럼 하얀 조화 바람이 때리며 지나갔다
　　　누가 놓고 갔을까, 검붉은 국화와 하얀 장미 한 다발
　　　청계천 평화시장 동대문 상표 맥고모자 눌러쓰고 나는
　　　잿빛 열사 전태일 다리 걸음 멈춰 눈으로 서성거리다가
　　　용산 전쟁박물관 6·25 발발 60년 특집으로 꾸미었다는
　　　전자파가 너무 시끄러워 사진전 앞에서 눈만 끔벅거렸다

*

　'백성은 ~ 하늘이다' 광화문 광장 세종대왕의 동상 아래에 지하 전시실이 있다. 세종 이야기로 꾸며진 전시실이다. 내가 한 날 지하계단을 내려갔던 처음 눈에 띄고 만났던 말이다. "백성은 나라의 근본이요, 밥은 백성의 하늘이다." 임금다움의 첫 출발은 경세, 즉 밥에 있고, 다음이 질서 안에서 위계를 잡는 제민이란 말이다. 백성을 굶기는 왕은 왕의 자격이 없는 다만 난폭한 사내일 뿐이다.' 중국 주나라 무왕이 상나라 폭군 주왕紂王을 징벌하기 위한 길을 나설 때 그의 말고삐를 잡고 놓지 않는 백이숙제를 뿌리치면서 무왕이 했던 말이다.
　2,700년 전 성서 이사야서의 남은 자 사상에 뿌리를 두고 있는 것이 민주와 공산의 두 사상이다. 성서가 말하는 민주주의의 핵심은 자유이고, 공산주의의 핵심은 평등이다. 좁은 땅 부존자원이 없는 우리 교육계의 우려되는 게임이다. 아이들의 먹는 문제를 두고 무조건 복지(평등)와 점층적이고 선별적 복지(자유)정책을 두고 싸우고 있다. 나라의 모습이 왜, 어떻게 이 지경까지, 어디를 향해 가고 가야 하는지, 날벼락과 같은 얘기와 정책들이 기차의 두 철로처럼 평행이다. 한낱 늙은 시인의 기우杞憂이기를 바라지만 걱정이다.

노동의 새벽, 전태일 동상 뒤 저자

54

가진 것은 굵은 매듭 두 불알火卵 뿐 상경 젊은이들
선지피 가슴으로 울부짖었다 서울을 선점 사람들은
더욱 마음 칼 담장마다 쇠창살이나 깨진 유리조각
칼날 박아서 젊은 꿈틀거림 꿈틀 못 듣고 못 본 척
그래도 서울살인데 젊은이들은 청계천과 동대문 바닥
노 저으며 꿈속까지 박힌 옹이 손바닥으로 살아야 했다
노를 젓고 재봉틀 밤을 박다가 백열등 터짐처럼 분노
노동의 밤 새벽뿐 젊은이들 피가래 섞인 기침 소리와
가슴팍 긋는 칼금과 못자국 깊이 박힌 혀와 손바닥들
참음은 푸른 분신으로, 노동 불길로, 목숨을 태움으로
여름 숲 백두대간 숲처럼 모의 모임 의분으로 이어갔다

55

나는 돌아가야 한다, 꼭 돌아가야 한다
'바보회' 평화시장의 어린 동심 곁으로
너희들의 곁을 떠나지 않기 위해 나약한 나를,
굴리고 굴리는데 도울 수 있다면 나를 다 바치마,

청계천 피복사건 후 목숨 태워 젊은이들 열사烈士
젊은이들 하얀 마음 붉은 피, 피고 스러져 열사들
더러 흰 피 붉은 피처럼 위장한 검은 피의 열사熱死
찰나, 네 적은 네 곁에 내 원수는 가족 안에 있다는
믿고 뒹굴던 사람 속에 칼이 박혀 있다는 말씀은 옳았다

11월 가로수 잎들 흩날리던 때
3·1 부정항거 벌집 그 때처럼
부산과 마산 사건이 터졌다
궁정동 새벽 전언傳言이었다
철컥, 탕
탕탕, "이 버러지 같은……"
확인 사격함으로 다시 탕, 탕탕

목숨 끊어지고 무너지면서도, 그 때 그 사람이
남겼다는 말씀은 부하 생각과
'나는 괜찮아'

한 마디였다고 했다
끊어져 뒹구는 통기타 공명판처럼, 괜찮아, 나아안,
검은 금줄 여윈 얼굴에 백만, 백만 송이 장미가 아닌
하얀 서릿발 국화 백만 송이에 휩싸여 감기고 말았다

56

인터넷과 시인의 인터뷰

- 대한민국의 오늘이 있기까지 밖의 눈금 안의 눈,
  〈중수中樹 박정희와 대한민국, 오늘과 지금〉

- 박정희가 없었다면 오늘의 한국도 없다
  〈네 마리의 용의 저자 에즈라 보겔〉

- 민주화에 필수적인 중산층을 대폭 창출시키면서
  민주주의 발전에 크게 기여하였다
  〈역사학자 김상기〉

- 신화를 만든 한국경제의 건축가
  〈뉴욕 타임지〉

- 박정희의 죽음은 한국에서 일어난 일 중
  가장 비극적인 일이었다
  〈다나까 카쿠에이 일본 수상〉

- 박정희가 없었다면 한국은
  공산주의에 흡수당하였을 것이다
  〈아이젠하워 미국 대통령〉

- 서울에 가면 박정희 전 대통령 묘소도
  참배하고 싶다
  〈정주영의 김정일 북한국방위원장 대화에서〉

• 박대통령에 대한 책이 있으면 한국어든
 다른 언어로 쓰였든 모두 구해 달라
　　　〈블라디미르 푸틴 러시아 대통령〉

• 박정희의 경제개발정책은
 중국경제발전의 훌륭한 모델이었다
　　　〈원자바오 중국 총리〉

• 외국에 돌아다녀보니 외국 지도자들이 온통
 박정희 얘기뿐이더라
　　　〈좌파 대통령 노무현, 23차례 49개국 순방 소감에서〉

• 한 나라에 총기가 수입되면 마땅히 배 가득 웃음으로
 '대통령도 리베이트를 받아야 한다.'는 끈질긴 설득에
 '내 몫 리베이트는 지금 가장 우리에게 요긴한 무기로
 계산해서 받고 보고해라.' 비서실 국방담당자에게 말했다는
 당당한 전언으로 후광厚廣, 사람다움 길
 이것이 내가 생각하는 1단계 광화, 광화 마음이다
　　　〈시인의 눈과 생각〉

6.25 사변 직후 폐허가 된 서울

57

40년만이라는
2011년 맹추위가 조금
누그러진 설 전전날 혼자서
옷깃 스쳐 오가는 동대문시장 길목
사람들 속에 섞여 부딪치며 걸었다
전태일 다리 더듬어 찾아서 걸어 나갔다

다리 좌우 인도에 작은 가슴 겨울 동판들
어머니와 누이가 닦던 제삿날 놋그릇들처럼
눈비 얼음 바람 사람들 발자국에 씻기고 닦이어서
곁서 놀았던 우리들 사금파리 노리개처럼 반짝거렸다
나는 길바닥 제문 하나에 님字를 붙여 가슴에 품었다
"노동 해방 인간 해방, 작은 거인 전태일 님"
납빛 선연함으로 여드름 자국까지 청년 전태일 동상

청년 전태일 눈매는 불꽃 혁명가 게 체바라나
시정배들 입질하는 그런 주먹과 팔뚝이 아니었다
응시하는 눈매는 봉제공장 재봉틀 새벽을 지켜 왔던
졸음 몰리고 쫓는 노동현장 젊은이 몰골 그대로였다
두 팔 손가락은 시멘트에 대고 무릎을 꿇어야 할 곳
꿇어야 할 곳이 없었다는 뜻인가 손가락 닿을락 말락
납빛 굵은 손가락은 노동의 땅에 닿지 못하는 땅의 그리움

두 무릎만은 꼿꼿이 절단한 모습으로 서서 바라보고 있었다

노동 열사 청년 전태일은
진흙탕에서 피는 연꽃 열매라는 뜻일까
납빛으로 연蓮 열매 모양 조화 놓여 있었다
기다리는 오토바이 설 대목인데 이리도 많을까
납빛 동상 뒤에는 아름다운 청년 전태일 40주기
'기념 다리 명명식을 2월 13일 9;00'라는 검은 글씨
설 대목 오가는 사람들 머리 위 오종종 기다려 서 있었다

40년 전, 내 나이 30 그 때 나는
어디서, 무엇을, 왜, 어떻게
물음 붙잡고 바라보면서 살고 있었을까
유대민족 광야 40년처럼 나는 다만
만나와 더러 메추라기나 주웠던 손이었다

전태일 다리에 서서
청계 얼음 섞인 물길 바라보았다
조각 얼음 섞어 흘러가는 청계천
옷깃 여미고 세우면서 허리 꺾어 바라보았다
얼음 조각마저도 좌우 이루며 흘러가는 청계천
청계천과 전태일 동상 사이 난파선 나를 보았다

58

1960년 내 나라 GNP는 뒤에서 5위
검은 사각모 세종로 광화문 휩쓸고
1979년 12. 12 철 모자 강압 때부터
엇박자 여섯 대통령 상극 상충 지금까지

빛과 얼터 광화문은 불을 품은 침묵
빛이 올라야 하는 세종로는 침묵바다 새벽
새벽 침묵은 빛 대신 돌과 불덩이 밤을 게우고
충무공 나라 위한 오른손목이며 신검 복판까지
맑은 날에도 눈비 마른번개 울돌목 파도 소리처럼
녹두대장 죽창과 불 눈과 눈물 아우성, 물대포가
세종로와 태평로 뚫린 청계 기슭과 보신각 앞에서
재운 빛 솟은 힘터 중축, 重修 낮밤 광화문만 찢었다

59

만세, 만세 흰 옷 겨레
붉은 팔뚝, 맨몸 3.1절이나
광복 8.15 햇살이 창창해야 할 날은 더욱
나는 좌 우 너는, 두 날개 찢고 찢어발기며
재운 힘 솟은 빛 광화 광장은 화염으로 치달았다

햇살이 찰랑찰랑 삼면 바다 아침 오름으로
남실대리라, 빛터 광화문 두 손으로 세웠지만
충무공 청동 옷 체루가스 지랄탄 연기에 덮이고
절름거리는 비둘기들 허연 오물 광화 거리 덮었다
작은 촛불 떼들 상장喪章처럼 밤을 찢어 부르짖었다

60

매화 향처럼 맑고 매워야 할
민족의 얼터 광화 광화문, 나는
광화문 세종로 거리를 걸을 때면
여미고 저민 옷깃 마음으로 길 걸으려 애썼다
재운 힘 솟은 빛, 여미고 저며 묶은 마음으로
걷고 걸어야 한다는 다짐으로 광화 길을 걸었다
때론, 겹쳐 입은 속옷까지 겨울비에 젖으면서도
젖은 한기 가슴까지 스몄지만 견디면서 걸어갔다

2009년 비가 내리던 늦은 가을
타박타박 가을비 내리던 저녁나절
광화문 비각 근처 자동차들 홍수 속
소리들 홍수 속에 우산 든 손 놓은 채
비에 젖어드는 충무공 동상 올려 보았다
가을비 온몸으로 맞이하면서 한참을 보았다
가을 빗발은 공의 투구에도 청동 칼집에도
안동 간고등어 소금물처럼 흘러내렸다

61

밀물처럼 외침과 묵시默示가
빠져 나간 광화광장 비가 내렸다
광화 세종로 600m, 빗길 따라 걸었다
가리고 복원 중이라는 광화문 앞까지
천지인 三才 태극기 한 짐 또 한 짐씩
빗속에 부리는 꿈을 안고 걸어 나갔다
젖은 몸은 켜켜이 한기에 감싸일 뿐이었다
빗발 속에서 갈한 맘몸 혀로 감아 넘기다가
2단 우산 펴 비바람 속 단내 몸을 가렸지만
신열에 마른기침 잦아서 걷던 길 돌아 지하도
추적추적 지하 광화 길 5호선 전동차에 올랐다

젖은 몸 힐끔할끔 피하는 사람들
사람들 사이에서 앉은 자리를 양보
'앉으시라', 권하는 한 젊은이 말
내 나라 젊은이 재운 빛 솟은 인정 냄새
숭늉처럼 목구멍에서 가슴까지 쓸어 나갔다
젖은 몸 옆 사람 어깨 기대 잠들다 일어섰지만
중년 사내 어깨 기대다 일어선 내게 눈인사를 건넸다
젖은 채 지하 계단 걸어 지상으로 올랐지만 정음 말씀 나라
그 날은 젖고 늙은 가슴이었지만 찰랑찰랑 뜀박질 날이었다

광화문을 산책하는 시인, 저자 소장

62

*'ㄱ'ㅋㆁ,ㄷㅌ *'ㄴ'
ㅂㅍㅁ,ㅈㅊㅅ,ㆁㅎㆆ,ㄹ,ㅿ
아들처럼 마음으로 자음 14자
ㅡㅣ.ㅗㅏㅜㅓ.ㅛㅑㅠㅕ
어머니 마음으로 모음 10자

잠룡潛龍에서 항룡亢龍까지
사람이 되어 하늘로 오르는 길
여섯 단계 주역 건위천괘 본떠
길이 600m 폭 100m, 세종로 빛 길
세종과 집현전 학사들 우리말 28자
광화, 광화광장은 낮밤 푸른 노래가 솟아
빛 터전이 되어야 할 '빛님숨님' 님들 거리다

뒤는 삼각산 앞은 한강 흘러가는
흰 옷 겨레 본래 마음 광화문 두리기둥
옥양목 외씨버선 추녀 청와지붕 마음처럼
태평泰平 국운융성 이어지는 날을 기다리면서
얼숨 지켜 너와 나 빛으로 넘쳐날 거리를 위하여
땀 손으로 빛 맘으로 뻗쳐 나가야 할 광화거리를 위하여

*
'ㄱ', 'ㄴ' 글자의 역학 풀이 : 易은 넓고 크고 다 갖추어 天道, 地道, 人道의 三才의 도를 다 갖추고 있다. 역의 원리는 멀리는 六合 밖에 있으면서도 가까이는 너와 나 한 몸 속에 있다는 이치가 우리말 자음 ㄱ과 ㄴ의 이치다. 훈민정음은 성리학을 배경으로 하고 있다. 성리학은 역의 이치를 배경으로 한 이기론과 너와 내 속에서 理一分殊로 만나는 대우주와 소우주를 담고 있다. 내 속에 우주가 있다는 범신론적인 '나'가 ㄱ과 ㄴ의 이치다. 이런 역의 원리로 한글의 자음을 볼 때 'ㄱ'은 사람의 머리와 어깨의 측면과 그 상한선을 나타내고 'ㄴ'은 사람의 발과 동체의 측면과 그 하한선을 나타낸다. 이 ㄱ과 ㄴ이 합하여 사람 몸의 형상인 'ㅁ'이 되었다.

'ㄱ'은 위에서 무엇을 내려 주는 형상이고, 'ㄴ'은 그것을 순하게 받드는 뜻을 형상한다. 여기서 'ㅁ'은 가슴의 젖을 의미함과 동시에 엄마 혹은 맘마의 평안과 자애심을 상징한다. 또 'ㅂ'이 밥을 의미함과 동시에 아빠의 엄격과 진취성을 상징하고 있음과 같다. 이 성리학의 터가 되는 역학의 원리를 참고로 우리글 자음 17자는 사람의 목소리가 나오는 형상을 관찰하고 여기에 음양과 오행 이치를 적용시켰다. 이런 관점에서 정음 28자의 제자원리는 소리글자이기 전에 그림글자이며 뜻글자의 배경을 가지게 된 것이다.(象形而字倣古篆)

또 'ㄱ'은 乾인 수컷의 성정을 갖고 있다. 乾은 그 고요할 때는 오롯해지고 그 움직일 때는 곧다. 그러므로 크고 작음이 생긴다. 'ㄴ'은 坤의 성정을 지니고 있다. 坤은 고요할 때는 오므라들고 그 움직임이 일 때는 열린다. 그러므로 넓고 좁음이 생기니 廣(ㄴ)이다. 大(ㄱ)는 하늘과 땅에 속한다. 그러므로 'ㄱ'은 하늘 크기인 경(縱)을, 'ㄴ'은 땅의 넓이인 위(橫)를 표시한다. 이 ㄱ과 ㄴ의 상생 상극으로 결합된 것이 사람의 몸과 마음의 구조요, 나아가 우리말 자음 17자의 제자 원리다.

63

600년 광화 세종 거리는
북악과 인왕은 잿날 병풍처럼
나라가 있음 서안과 의궤儀軌요
세종로 광화광장은 얼 넋 시습제時習齊다
하늘 해시계 하늘이치 됨 걸어 간직하고
땅 측우기는 무너지는 남북극 얼음덩이를
푸른 헛기침으로 준비하라 초침 딸각거리다
세종대왕 우리글 훈민과 정음 얼터의 거리다

정음 훈민 창제 마음이 새겨져 있는 빛 거리 광화문
소리글자 스물여덟에 +α ㅸ, ㆅ, 30자, 세종로 거리
광화는 빛과 숨 얼 푸른 맥박으로 고동쳐야 하는 거리요
너와 내 붙들어 주고 안아 살면서 사랑해야 할 거리이며
여밈과 저밈으로 묶고 묶이어야 하는 힘 거리 광화문이다

비읍순경음 ㅸ 터지는 숨결의 젊은이들 꿈틀과 사랑
젊은 네가 젊은 나를 불러 걷고 뛰며 성숙한 거리를
어른들이 안음과 참음 우듬지 잡고 서야 하는 거리다
검붉은 주름 이마 옹이 박힌 너와 나 손바닥일지언정
솟고 씻은 애비 마음, 젊은 흙손 잡아 주어야 하는 거리요
재운 빛 팔뚝 힘 동남서북 흰 옷 사람들 터진 숨님 거리다

64

2010 광복 날에 씻은 모습 광화문 거듭 태어났다
새 단장 세종로 빛 터짐 광화문 광장으로 모두 나와
민족화합 숨터로 북과 꽹과리 징도 두드리며 어서 나와
연서법 ㅸ 비읍순경음 청년들은 사랑 말씀 실어 부르자
병서법 ㅎㅎ 쌍히읗은 어둠 속에서 떡을 써시었던 어머니
우리 어머니들 정화수 떠서 천지신명께 빌었던 마음으로
판소리 여섯 과장 중 효녀 심청 인당수 우리말 가락으로
눈귀 뜨는 아이들 목청 틔우는 딸 아들 소리하는 법으로

연등 올리듯 하늘축복 다시 받아 거는 거리로 만들자
11자 모음과 17자 닿소리에, 젊은 연인들은 더욱 젊게
늙은이들은 뛰며 노래하는 젊은이들에게 박수와 웃음을
먹물깨나 어른들은 곡학아세 붓과 칼 마음 내려놓자
0.001%도 네 말은 믿지 않는다는 용가리 말은 버리자
정정, 정견, 정사유, 정정당당 옳 세운 마음씀으로
본래로 옮겨 지은 광화문 추녀처럼 깊이 빚어 올리고
푸른 숲 마음 어우러져 광화광장 수평수직 길을 걷자

본래 하늘마음 아래 아 • 를 살려서 모음 11자
입안 구석구석 17자 자음에 ㅎㅎ과 ㅸ 더한 19자
서른 자모 옷고름이나 버선코처럼 품고 걸어가는
재운 빛 광화문 푸른 세종 마음 밭으로 돌아가자

돌아가서 불 몸 놓고 빛 마음 틔어 "의논하자"
의논하면서 나는 네 몸이 되고 너는 내 맘이 되자
광화 사통팔달 거리 재운 빛 솟은 힘으로 걸어가자
세종로 여섯 단계 사람다워 오르는 600m 광화광장은
광복 그 날처럼 힘과 숨 찾은 빛터가 되어야 한다

2010년 씻어 난 광화문 봄 하룻날
충무 동상 앞에 서서 두 손을 모았다
정성 닦아 세운 세종 이도 님 동상 우러러
정음 본문 406자 두 손 합장 모아 읽어 나가자
걸어가다가 다시 돌아 충무 이순신 세종 이도 님
나라 품은 하늘 땅 '오! 늘 마음' 말씀 안고 안겼다

65

우리나라의 소리 말은
중국의 뜻 말과는 달라서
서로 그 뜻이 잘 통하지 아니한다
이런 까닭으로 어리석은 백성이 평소 쓰는 말을
중국문자로 표현하고자 하여도 자기의 생각과 뜻을
능히 펼쳐 표현하지 못하는 이들이 많다
내가 이것을 안타깝게 생각하여서 새로
스물여덟 우리말에 맞는 소리글자를 만들었다
이 일은 백성들로 하여금 쉽게 익히고 또 사용하는데
편안하게 하고자 할 따름일 뿐이다

國之語音이
異乎中國하여서
與文字로 不相流通하므로
故로 愚民이 有所欲言이라도
而終不得伸其情者가 多矣니라
予가 爲此憫然하여 新製二十八字하노니
欲使人人으로 易習하여 便於日用矣니라

*
한글날 : 북한에서는 한글을 창제한 1443년을 한글날로 기념하여 지킨다. 그러나 남한에서는 1446년 반포한 때를 기준으로 하고 있다. 둘 다 옳지만 당시 세종이 3년 동안 반대의견을 수렴하여 용비어천가 등을 지어서 그 실용성을 측정한 다음 더욱 완벽한 글자로 만들었기 때문에 후자를 선택함이 더 합리적이란 내 생각이다. 왜냐하면 훈민정음의 어지에는 삼민주의 사상인 자주, 민본, 실용 정신이 잘 표현되어 있기 때문이다. 세종의 어지를 음미할수록 우리의 홍익인간 이념과 세종대왕이 당시의 정음 창제와 반포를 두고 상극과 상생을 상보相補로 수용하였던 통치이념이 조화롭게 잘 배어 있는 명문장임을 알 수 있다. 세종대왕의 어지 중에서 몇 단어는 필자가 지금의 뜻에 맞춰 해석해 보았다.

66

빛맞이 광화문은
불火을 뿜어 불만 던짐 말고
다리미 속 어머니 다진 불 마음처럼
우리들 젖고 구겨진 *옷틀 잡고 다려
재운 빛華 퍼지는 숨 거리 되어야 한다

민심즉천심民心卽天心
빛 숨틀 임금 이도 님과
생즉사生卽死, 사즉생死卽生
필생즉사, 필사즉생 종시終始로
충과 효, 조국 아들 순신이 서 있는
광화문은 나라가 먼저 서 있음으로 집
빛, 힘, 숨, 님의 향 피어 올리는 전당이다
펴고 저며 환한 지평 내일이 열리는 거리다
신단수 으뜸새벽 아래 두 손 마음 모음으로
햇살 아침이 찰찰 탱탱 넘쳐 서해에 잠기는
푸른 햇살 별빛 고요 거리로 만들어야 한다

옷틀 : 칼라일의 의상철학에서 의상을 '옷틀'이란 말로 바꿔 보았다. 칼라일의 의상철학은 짐승이나 노예는 옷의 선택이 없거나 제한되었다는 전제 아래서 출발한다. 칼라일은 사람의 해방과 자유를 옷과 몸으로 비유했다. 옷은 자유와 해방으로 문화요, 몸은 제한으로 야만이라는 것이다. 사람의 자유는 옷의 지배로부터 출발하지만 또 사람다운 사람이란 다만 옷의 지배나 옷걸이로 내가 아니라고 보는 데 있다. 옷을 자유롭게 선택해서 입는 주체로서 나를 예찬한 것이 의상철학의 요지다.

칼라일이 보았던 의상으로 옷틀은 사람에겐 자유요, 문화의 척도이면서 가치 기준이 되었다. 사람의 옷 모습의 면면을 보면 그 옷을 선택해 입은 사람의 내면도 가늠해 볼 수 있다. 옷은 이렇게 적이나 추위의 보호로부터 출발하여 종교적 의례와 예절로, 구속에서 자유로움으로 주체인 나를 보호하여 예찬되어 왔다. 그러나 지금 우리 사회는 옷의 자유가 지나쳐 까발려짐도 모자라 이성을 유혹하는 본능으로, 짐승보다 더한 상품의 몸 옷으로 변해 가고 있다. 때로 이슬람 여인들의 눈과 코만 열어놓은 히잡이나 눈만 열어 둔 차도르가 더욱 아름다울 때가 있다.

67

군자남면으로 우뚝했던 사람 이도 님
재운 빛 솟는 힘으로 세종로 광화광장
하늘 숨결 스물여덟 정음말씀 품어 베풂이었다
땅 딛는 힘참은 의논하자는 한결 마음이었다
나와 나라 말씀 세워 지키어 바로 보고 따름만이
나라 있음, 바른 소리 한글을 만드신 광화 마음 문 거리
재운 힘 있음이 광화 지킴의 본 이순신 신검 오른손 거리
동남서북 우리 충심 충서가 만나는 삼면 바다 터진 마음터
태평로 덕수궁 서울역까지 사통팔달 광화 마음 되어야 한다고

꽃처럼 살 비벼
뻗어 오르리라 심은
꽃봉오리들 224만 537송이
세종로 깨지고 꺼진 광화광장은
너와 내 나라, 나와 네 나라 우리들
숨과 얼터가 되어야만 하는 거리다

서와 동, 북남 꺼져 깨진 미증유 편견 생각들
벼룻돌 산지였던 평안북도 위원의 단계석이나
충남 보령 남포 연석에 훈민정음 우리글자 넋을
전주한지나 한산 세저 안동 삼베 찌고 다듬어서
하늘말씀 훈민정음 스물여덟 뜻을 담아 아로새긴 집
광화 현판은 600년 조선 금강송 살빛에 새기어 걸자

68

ㄱ, ㄴ, ㄷ, ㄹ, ㅁ, ㅂ, ㅅ, ㅇ.
ㅈ, ㅊ, ㅋ, ㅌ, ㅍ, ㅎ
ㄲ, ㅃ, ㅆ, ㅉ,
ㅡ, ㅣ, ㅗ, ㅏ, ㅜ, ㅓ
ㅛ, ㅑ, ㅠ, ㅕ,
없어진 우리 음운 ㅿ, ㅸ. ᅘ. ·

평양냉면 겨울 동치미와 어울려 맛남이듯
남북 갈려 비무장터처럼 없어진 정음 음가들
간직해 살리고 어울리지 못함이 아쉬움이지만
훈민 남은 우리글자 닿소리 열네 자 홀소리 열 자
스물넉 자, 하루하루 어미 품 안겨 아가 옹알이하듯
어미 품 잠든 아가 볼에 지아비 입 맞추듯 새겨 기르자

69

어금닛소리 ㄱ에 한 획 그어 ㅋ 만들고 ㅋ, ㄲ, ㆁ
혓소리 ㄴ에 한 획과 또 더해 ㄷ,ㅌ 만들고 ㄷ, ㅌ, ㄸ
반혓소리 ㄹ은 혓소리에 +α로 맑고 낭랑 음역 만드셨다
입술소리 ㅁ에 두 획 올려서 ㅂ 글자 만들고 ㅂ, ㅍ, ㅃ
잇소리 ㅅ에 한 획과 또 더해 ㅈ,ㅊ 만들었다 ㅈ, ㅊ, ㅆ, ㅉ
ㅿ은 잇소리들 시원과 시림을 울타리 두르듯 만들고
너와 나 목구멍 본떠 ㅇ 만들고 한 획 긋고 그어
세종은 여린히읗 ㆆ과 ㅎ, 쌍히읗 ㅥ 만드시었다

차례차례 땅 마음 수평과 방정
차곡차곡 수직 하늘 둥근 마음 천구天球
태양 시계도視界圖 스물여덟 별자리를 본떠
하늘숫자 28자 훈민정음 처음 만들고 세운 이들
새벽처럼 고뇌, 점심 마음, 불면으로 얼꽃 마음
억겁 돌판에 훈민정음 광화거리에 양각으로 새겼다

70

잘 익을수록 발효 맛깔이 우리 혀끝 감싸듯이
훈민정음 한글 자모는 하나 안에서 세 단계를
셋 속 하나 붙잡은 삼위일체 하나면서 셋이다
하느님이 배달민족에게 점지한 옹소리 글자다

잇소리 하나 안에서 ㅈ, ㅊ, ㅅ의 세 단계
참, 잠, 삶이 하나인 정음철학 문을 열었고
처음 터지는 어금닛소리 음역音域 ㄱ,ㄲ,ㅋ은
감감, 깜깜, 캄캄 세 음계 상승은 여림에서
셈과 거셈 지나 다시 여림 오는 순환 이치는
하늘 우러러 사는 사람됨 삶 법을
본래 빛 힘 *현현玄玄 마음으로 광화 글자 만들었다

두 입술 터져 내는 ㅁ,ㅂ,ㅍ 음의 현묘함
우리 삶은 물불을 찾고 또 불물 피해 살지만
물불 상극이 풀을 위한 상생 이치를 담았다
원수관계 물을 올리고 불은 내려 밥이 되고
풀이 되어 하늘에 꽃과 열매 맺음의 이치를
반야바라밀다 화엄금강 법칙을 여며 두었다

셋이면서 하나 훈민정음 하늘마음
하늘 우러러 사람들 얼 골짜기 위하여

스물여덟 우리 글자 속에 새기어 두었다
물불 상극은 풀을 위해서 상생이어야 함을
너와 나 물불은 어버이 마음 상생 밥 이치여야 함을
세종 이도 님은 ㅁ, ㅂ, ㅍ 셋 하나 하늘 이치 보면서
한글은 내 만듦 아닌 흰 옷 한울님 내리신 계시라 했다

*

현현玄玄 : 마음이 심장에 있다고 옛 사람들은 생각했다. 그 심장 속마음이 말을 통하여 나오는 곳은 목구멍이다. 마음의 빛깔을 색으로 표현한다면 무슨 색깔일까. 입을 벌려서 말할 때 입안에서 목구멍을 거쳐 심장까지의 차츰 어두워지는 모습처럼 색깔이다. 이렇게 볼 때 우리말 형용사 '거무스레하다'라는 표현이 玄의 빛깔을 표현하는데 가장 알맞을 것이다. 노자도 사람의 마음을 도덕경 6장에서 마음 빛을 검은빛 혹은 거무스레함의 빛이라 본 듯하다. 현玄(谷神不死 是謂玄牝 玄牝之門 是謂天地根)은 동양에서 형이상학이라는 말이다. 중국의 천재 철학자 왕필은 老子註에서 이 형이상의 마음 빛을 현, 또는 玄學이란 용어를 사용했다.

즉 마음 빛은 흰 빛이나 검은빛이 아니라 이 두 빛이 섞인 금강이나 설악, 인수봉처럼 얼마쯤 높은 봉우리가 있는 골짜기의 여명 빛이나 회명晦明의 때, 내려와 퍼지는 어스름의 빛, 골짜기의 색채라는 뜻이다. 선불교로 말하면 빈 곳에 묘용이 있다는 진공묘유眞空妙有의 빛이다. 나는 두 개의 입숍 형상의 여자가 변해서 어머니(가슴의 유방 母)가 되면 새끼들에게 가슴을 주고 없어지는(母↔毋) 모습에서 玄이라는 마음 빛을 발견하곤 한다. 나는 하늘로부터 받은 우리말 정음의 거무스레한(玄) 마음 빛이 잘 가꾸고 이어지기를 바라고 기원하고 있는 사람들 중의 뒤편에 서 있는 한 사람이다.

71

우리말글 3단계 ㅅ, ㅈ, ㅊ은
잘 여며 재운 '잠(密封)'안에서
너와 나 바로 서서 살아가는 하늘 법
사람으로 '참삶'이치 있음을 가르쳤다
얼씨구절씨구 지화자 저절씨구
맵짬 발효 맛으로 터지는 남쪽 젓갈김치나
강원 함경 얼어 녹고 녹아 얼어 동치미처럼

한글은 높고 깊은 하늘말씀이다
아버지의 아버지가 두 손으로 여밈과
겨울 맛 저며 내는 어머니의 어머니가
곧고 넓은* 직방대直方大의 큰 틀 마음이었다
곧고 넓고 큰 하느님이   소리를 내려주시어
진흙 그릇 너와 내 몸에 하늘 뜻 비벼 담으라
비벼 담아야 우리가 무등하여 사는 법을 안다고
바른 말 바른 밥 담는 그릇 너와 나를 만드시었다

*
직방대直方大 : 주역 계사전繫辭傳에 나온다. 어머니의 품성을 땅에 비유하여 쓴 말이다. 땅이 곧고, 넓고, 한없이 큰 것처럼 어머니의 마음도 그렇다는 것이다. 남자에게 쓰이는 선비 士는 작은 하나(士不可以不弘毅 任重而遠道, 論語 憲問)가 열을 받치고 있는 형상의 글씨요, 여자의 비유로 쓰는 흙 土는 큰 하나가 천만 삼라만상을 받치고 받아 기르고 있는 형상의 글씨다. 자식들을 돌보고 키우는 어머니의 두터운 심성이 땅의 성정인데, 이것을 옛 성현들은 철든 아내나 어머니의 직방대 마음이라 했다.

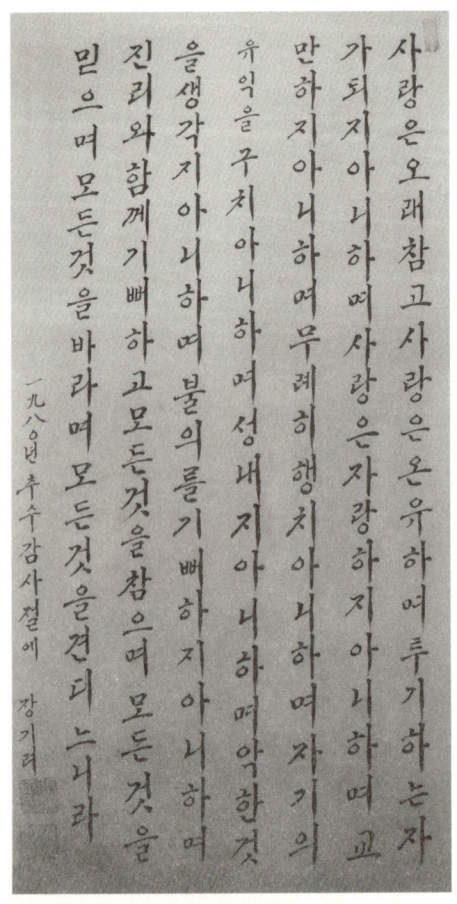

성산 장기려 박사의 글씨, 김지이 소장

　동서양 경서 중에서 어머니 심성의 중요성을 여러 비유로 든 사람은 노자요, 그의 도덕경이다. 또 오행 중에서 土는 火, 水, 木, 金 등 사람의 오장과 육부, 즉 몸의 모든 요소들이 모이고 흩어지는 곳으로 위장의 성정을 나타낸다. 위장은 입으로 받아들인 火, 水, 木, 金의 여러 요소를 받아들여 섞고 분배하는 곳이다. 또 다른 장기에 비하여 위장은 오장육부 중에서 내 의지의 여하에 따라 조절이 가능한 장기이기도 하다. 그러나 그 조절과 절제라는 것이 또 얼마나 어려운 일인가를 우리들은 잘 알고 있다. 때문에 우리는 무너짐을 알고도 무너지며 사는 존재로 너와 나이다. 기독교는 이런 우리 몸의 위장처럼 상생상극으로 과부족의 모습이 원죄와 자범죄自犯罪가 숨어 싹트는 집, 인간의 품성이라 했다.

72

'웋'자는 세워도
뒤집어도 웋이다
*웋소리 말씀 속에는
임금의 추상 말씀 하늘과
춘분처럼 낮아지는 임금의 땅 마음이
녹아 있어야 백성과 임금은 한마음이 된다

우리글 웋소리 말씀에는
백성들 춘궁 봄과 백성들 가을걷이
높은 추분 춘분 하늘마음이 녹아 있다
땅처럼 낮아지는 임금 씨 뿌리는 춘분 마음과
하늘처럼 높아지는 백성들 가을걷이 추분 마음
웋소리 훈민정음은 본래 하늘 향해 두 손 모은
하늘 율법 갈봄 겨울 말씀이 들어 있다

백성과 임금 하나 되는 곳간이 웋소리 우리 정음이다
낮 양성(•)과 밤 음성(ㅡ)이 밤낮 중성(ㅣ) 사람 안에서
얼꽃 사람 안에서만 하늘땅이 하나로 세워지는 법 말씀
웋은 한겨울 역성혁명 이치처럼 뒤집어도 세워도 웋이다
웋 정음은 땅 하늘 사람다움 우듬지요, 계시 하늘 소리다

'웋'소리인 우리글 정음은

우리 몸이 본래 하늘 맘 땅 몸이었음을
예의^{例義}의 자주 해방, 민본이 셋 하나였음을
통나무^樸처럼 원융으로 한 길 마음터이었음을
태초 하느님이 우리글 자음모음 스물여덟 별자리
천구^{天球} 안에 담아 하늘이 내려준 옹소리 우리글이다

＊

옹소리 : 훈민정음 창제의 오묘함이 잘 드러나 있는 글자다. 바로 세워도 거꾸로 세워도 같은 모양이다. '옹'의 변형으로 위 혹은 으뜸자리라 할 때 우리글은 하늘에서 온 하늘소리라는 뜻이다. '옹소리'에는 하늘이 땅을 그리워하여 낮아지려는 봄 마음(陽氣)과 땅은 하늘을 사모하여 높아지려는 가을 마음(陰氣)의 뜻 두 면을 다 가지고 있다. 이것이 우리나라 태극의 본래 원리요, 과부 요석공주에게 설총을 품게 했던 으뜸새벽의 사람, 원효의 마음이었다.

   이 음양의 바른 이치를 담고 있는 것이 우리글 正音(止於至音)이다. 즉 한글은 하나님이 우리민족에게 주신 하늘 계시글자요, 그리움으로 새긴 '글집'이라는 뜻이 된다. 역학과 성리학을 깊이 공부했던 세종의 앎과 삶에서 샘물처럼 터진 盡人事待天命의 결과다. 우리글 훈민정음은 하늘로부터 받은 계시문자요, 하늘마음을 가져야 할 사람의 문자이다. 즉 사람이 至善과 眞善으로 만든 하늘소리 글자이다. 우리말 철학자 다석은 예수를 하나님의 본체이면서 사람의 아들로 세상에 온 것이라 주장했다. 선생은 하나님을 유일신으로 믿는 기독교를 이 '옹'의 글자의 꼴에 넣어 풀이하였다. 살아온 하루 하룻날 날짜를 '깨끝'으로 기록하며 살았던 우리말로 철학하기 다석의 '생각 틀'을 읽어보면 공감이 되는 부분이 참으로 많다.

73

훈민정음 모음 11 글자는
우리말 기본 모음 ·, ㅡ, ㅣ는
낮밤 물 흐름 법이요
빛 파동 굴신屈伸 현묘함이다
사람됨과 사람다움으로 수직 수평 열리는
시始와 태胎를 품은 알처럼 생명의 신묘함이다

'·' 아래아는 무극인 하늘 가운데
점 하나 찍어 무극이며 태극이요
꼭대기 점 오르는 *점심點心 마음이다
으뜸모음 '·' 아래아는 새벽에서 한낮
무영 동남서북 점심 빛과 어둠이요
그 빛과 어둠 곧고 넓은 큰 땅 마음 담아
사람들 광화 동남서북 새벽 지평을 엶이다

땅 본뜬 'ㅡ'는
엄마 품이나 가슴팍
무릎이나 어머니 등허리 올라
구르다가 잠든 아이들 생각터
새끼들 잠을 참 삶으로 올리는 지어미나
어머니 젖가슴이나 등허리처럼 하늘마음이다

직립 사람 모습 'ㅣ'는
꼭대기 하늘마음 으뜸 밑힘, 땅 마음
받아 바로 누리고 바로 섬이 사람이라는
나무처럼 직립 사람 몸과 마음의 본뜸이다
하늘 빛 받아 땅 밝히는 금강석나무 사람이다

훈민정음 자음 17자는
이목구비 일곱 구멍 옹알이
새끼 부름에 어미들 뛰어가듯
봄빛 여름 다섯 율려律呂 옹알이
옹알이가 찰랑찰랑 열리는 말법이다
말법이 다시 가을 겨울 창문 닫음처럼
너와 나 차츰 잠겨야 열리는 법으로 광화
광화문을 더욱 닫아 여는 이목구비 말법이다

✳︎

點心 : 마음에 점을 찍는다는 뜻이다. 기독교에서는 찰나가 영원에 침투한 시간이라고 해서 카이로스라고 한다. 이 점심의 마음은 一食, 一坐, 一思, 一言으로 이어진다. 이것이 하루 한 끼니로 9년 동안 면벽을 했던 달마의 본래 뜻이었다.

불교의 금강경에 나오는 점심 마음이다. 금강경 이론의 대가라고 자처했던 덕산을 달걀에서 병아리로 태어나게 한 유명한 사건이었다. 중국 강남의 한 시장바닥에서 떡장수를 하고 있었던 할머니와 대화를 통해 금강경 이론가였던 덕산이 깨친 진리이다. 덕산이 낯선 강남땅의 시장 근처를 지날 때는 點心 때였다. 마음이나 영혼에 점을 찍는 시간, 이런 때를 선불교는 줄탁지기라 하고, 유학은 時中이라 했다. 시장 떡집을 찾은 덕산에게 떡을 팔던 노파가 덕산에게 던진 질문은 過去心, 現在心, 未來心 어디에 스님의 마음을 찍겠느냐는 물음이었다. 답을 못한 덕산은 그가 지고 있었던 금강경 주해서를 불에 태웠다. 그리고 불법이 아니라 불교의 밥이 되었다. 소승불교의 절 지붕이 밥그릇을 엎어 놓은 모양으로 지은 모습과도 관련이 되는 얘기다.

남북으로 혹은 북남으로 갈려 우리의 정치와 종교의 사상은 어떠한가, 우리나라에서 그려지고 있는 달매(9년 면벽하면서 하루 한 끼니)의 살이 통통하면서도 부릅뜬 눈 모습을 보면 우리 정치와 종교들의 현주소를 잘 알 수 있다. 나의 지금을 '옳'보다는 '잘'로 살자는 것이다. 여의도 국회의사당, 설계자의 의도는 모르겠지만 그랬어야 한다는 내 생각이다. 여의도 국회의사당 돔 지붕이 하늘을 본뜸이고, 또 정사각체에 가까운 본당은 동남서북 사람들의 모여 나라의 일을 의논하는 상징으로 집이다. 즉 나와 내 패거리의 利己와 살찜은 죽이고 수증기처럼 가벼운 몸과 마음으로 서거나 앉아서 利他의 일을 하라는 상징으로 집이다. 정부나 국회 안에도 종교인들이 참 많다. 모인 이들에게는 본래 正音과 점심 마음의 집은 없어지고, 堂(동음이어 黨을 파자해 보면 그 뜻이 분명해진다)만 남았다.

同床異夢, 지금 정치계는 찢어진 마음으로 모여 利其利의 끼리끼리 치닫다가 '백성들의 하늘은 밥그릇이다'라 했던 세종의 정음마음을 불질러 뒤집는 실상만을 보여 주고 있다. 종교 또한 무당들의 푸닥거리처럼 堂집으로 타락하거나 상대주의로 변질되고 있다. 참으로 씁쓸함을 금할 수가 없다. 너와 내가 더욱 정음 하늘을 가슴에 품고, 점심 마음으로 돌아가야 우리민족이 산다. 글로벌 시대니, 뭐 '인푸라'니 쫑알거리며 세계인으로 떠듦에 앞서 광화의 민족으로 내가 살아가고 있는가를 반성해야 한다. 이것이 우리가 천신族으로 지켜야 할 정음 마음씨 사람들이다.

171

74

우리말 모음과 자음 합자 원리는
모음 중심 어미 마음 허점도 있지만
포근함과 편안 어머니 땅 마음에 안김이다
우리글 자모는 사람 속 땅 하늘 본뜬 찰랑거림이요
터진 거리 광화 광화문 마음 사람들의 그리운 글밭이다
광화 글밭 마음 지켜 키움이 가마솥 걸어 나라 지킴 일이다

우리말 모음 11자 어머니 마음은
새벽 본 힘으로 단단 윤기 밥을 짓는 마음이다
현현ㅎㅎ 별빛 지고 일터서 돌아오는 아버지들
아버지나 지아비 17 자음 입이나 목구멍 마음은
굵은 매듭 손마디로 큰 문수 신발 끈 풀어
안고 안기는 저녁 밥상 환한 우리말 웃음소리다

75

두 입술 사이 여닫아
ㅁ, ㅂ, ㅍ 파열음 세 단계는
상극 물불 속에 밥과 풀이 상생하듯
죽어 사는 밥맛처럼 죽어야 사는 사람 이치다
*상극相剋 나와 너 몸 맘 여미고 저며 사는 법을
*상생相生 우리 맘 몸 개켜 묶어 밥으로 올리는 법을
우리말글 정음 28자 하늘 별자리 자음과 모음 법은
광화 광화문 수평 수직으로 여닫는 밥과 법궤터이다

썩을 포도 봄여름 알알이 밀봉密封하고
가을 한 날 밀봉으로 천 년 향 포도주 맛을 보듯
애벌레가 긴긴 잠 무덤에서 고치로 견디다가
무덤을 벗어 하얀 두 날개 쳐 하늘로 오르듯
푸른 나무둥치가 무한 불 압력 견디어
무저갱 어둠 밝혀 작은 금광석으로 태어나듯
사람 속에 땅 하늘 삶법 넣은 옹소리 우리말글
正音은 광화 빛 여닫는 수평과 수직마음을 담았다

눈이 없어 공포
다리가 없어 불안
날개가 없어 절망함으로 달걀이
삼칠일 때 순간 두 눈, 두 발

두 날개 병아리로 탄생하듯
우리 정음 한글은 셋 하나, 하나 속 셋은
하늘이 내려주신 수직 수평으로 옹소리 말씀이다

몸만 말고 '맘 몸'
재운 빛 인고忍苦 훗날에
맘 먼저 몸 뒤 터져 솟음으로 광화문
포도주, 나비, 금강석, 병아리로 태어나듯
자주 독립, 민본 마음 빛 열매인 우리말글
열한 모음 자음 열일곱 28 별자리는 훈민 한밭
하늘소리가 살고 있는 너와 내 속 광화광장은
한결 계시 하늘터요, 사람들 말씀 얼터전이다

우리말글 정음은 갈봄 겨울들판 넋소리다
너와 나 억겁 여름을 싣고 오가야 할 광화문
광화 광화광장은 넋 들판이요
해 져 뜨는 하루 하룻날 숨터전이다
**'문 닫아 사특함 끊고 사방 어진 이들 문 열어 오도록'
세종로 광화 하루는 이도 님 정음 지어 백성 맞이하였듯이
민족 오천 년 빛 힘 숨을 여미고 저며 지켜 광화광장
밤 지켜 재운 빛과 솟는 힘터로 버티고 서야 하는
새벽 빛, 힘, 숨, 여미고 저며서 광화광장은
새벽 때로 한밤 신전을 찾듯 가야 하는 민족 숨터다

*

상극상생相剋相生 : 주역에 나오는 말이다. 특히 相生이란 말이 근래 우리 정치하는 이들에 의해서 자주 쓰이고 있다. 그러나 상극과 상생은 내 속의 육체와 정신의 함수관계를 먼저 이해하고 써야 하는 말씀이다. 왜냐하면 너와 내 속에 이 두 요소가 빛과 그림자처럼 함께 있기 때문이다. 즉 전문지식인이 쓰는 말만 아니라 '몸나' 상극인 나를, '맘나' 상생인 나로 만드는 격물 공부와 수신 과정이 있는 다음에 써야 되는 성숙한 사람들의 말이기 때문이다.

사울이 바울이 되어 고백한 말은 "오호라, 나는 참으로 괴롭구나. 선보다 악이 나를 지배하려 하는구나."라는 말이었다. 우리식 표현으로 相生의 이 말은 '맘나'의 투명한 양심으로 자기를 확인, 자기 존재의 내적 확인방식에 적용되었던 말이었다. 지금 정치를 하는 사람들은 먼저 내 속의 상극 상생을 잘 통어하는 수련을 거쳐야 한다. 장관들을 검증할 때 무슨 위장전입이 그렇게도 많은지, 이 상생을 위한 충서를 상실한 지금의 정치나 문화풍토, 지금 너와 나의 언행과 행위를 볼 때면 정치인들이 입버릇처럼 벌어진 입이라고 쓰고 있는 상생이란 말 대신에, 나는 광화 기둥을 갉아먹는 흰 개미떼나 파리, 거머리처럼 적자생존 공생 혹은 공존이란 말이 지금 정치에서 더 어울린다는 생각이다.

* *

문 닫아~ 열어 오게 : 문을 닫아서 이상한 말이나 기이하고 사특한 사람들을 끊는다.(지금으로 보면 아니면 말고 式 유언비어) 문을 열어서 사방의 어진 이들을 오게 한다. 또 왕이 기거하고 있는 4대문 안이나 권력자의 주변에는 '~을 위한다'는 음모나 책략, 또 책략을 빙자하여 이해관계가 첨예하게 대립하는 곳이라는 뜻이다.(정도전의 삼봉집)

76

정음 28 조선의 아침 마음은
동해 해돋이 때면 독도와 울릉도
반짝거려 몰려 오가는 물고기들처럼
새해 첫날 고고성을 터뜨린 산부인과
산실 살빛 축제 비린 탄생으로 출발이다

28 하늘 별자리 저녁 조선 마음은
제물포에서 연평도와 백령도 사이 NLL
선연嬋娟 노을빛 한 맘 두 손 우러름이다
젓던 노와 비린 그물 걷고 닻을 내림이요
너와 나 내일 오를 해를 위해 정박함이다

조선 600년 219,000 하루 하룻날 낮밤
재운 빛 솟은 힘, 숨터, 세종로 광화문
한글 창제 세종대왕 이도 님 나라 존심 지키고
수루에 앉아 충무공 이순신 민족 밤을 견딤처럼
맑고 풋풋한 말씀 받아 나라 올곧 지킴으로 터전이다
조선총독부 칼금 걷어버리고 중수重修, 광화와 경복궁
경복 여닫는 광화문은 피멍 어혈 빛과 푸른 힘 숨터다

77

ㄱ, 가갸 거겨 고교 구규 그기
거룩聖, 검神, 곧다直 근원 두 손 모은 말씀처럼
　한가온 잡은 큰 틀과 힘이 되거라, 광화 세종로

ㄴ, 나냐 너녀 노뇨 누뉴 느니
나다生, 날다飛, 느리다緩 생동으로 터 말씀
　충무공 군인정신으로 보수, 진보 의견 수렴
하늘말씀 한글 만들었던 나라님처럼 나라 위한
귀 열고 눈 떠 토의 토론장 광화 광화문

ㄷ, 다댜 더뎌 도됴 두듀 드디
담는다籠, 닫는다閉, 둔다置 두 손 한 마음 말씀
　담고 당당하게 걸어가는 빛 거리 세종로

ㄹ, 라랴 러려 로료 루류 르리
나팔, 흔들다振, 떨다慄 묶어 사는 말씀
　길이 600m 폭 100m, 빛 거리 광화문이여
　포르르 폴폴 리라꽃 오월 하늘 춤사위 되거라

ㅁ, 마먀 머며 모묘 무뮤 므미
먹는다食, 머금다숌, 문다咬 눈매와 붓매 말씀
　마음 몸 다잡아 서서 맞이하는 경복 정도政道 광화문

ㅂ, 바뱌 버벼 보뵤 부뷰 브비
밥飯, 벙어리訥, 벌인다展 촛불 켜 들고 받는 말씀
불 품고 걷다가도 불이 빛 되는 광화문 거리 되거라

ㅅ, 사샤 서셔 소쇼 수슈 스시
 사람ㅅ, 숨息, 솟는다湧 정화수 어머니 근원 말씀
사랑과 사람의 거리, 속살거리는 빛 거리가 되거라
우리들 빛 거리 새로 가꾼 광화문 광장 세종로 거리

ㅇ, 아야 어여 오요 우유 으이
ㅇ 음가는 하늘처럼 진공이어서 땅을 싸 둥글고
고리처럼 감으니 그림자요, 원통으로 무한이다
근원 말씀이면서 근원을 땅에 심어 빛 열매 광화다

ㅈ, ㅊ, ㅋ, ㅌ, ㅍ, ㅎ
자쟈, 차챠, 카캬, 타탸, 파퍄. 하히까지

땡볕 들판 일에서 돌아와 얼음보송이
입에 넣고 깨무는 맛깔과 멋 탱탱 옹소리로
겨울 들판서 돌아와 구들 아랫목 손 녹임처럼
백성 가르침에 쉽고 바른 소리 우리 훈민정음
빛 소금 맘 몸터 세종로 광화문은 영원하리라

2010년 8월 15일 다시 갈고 닦아

중수, 중건 빛이 터지는 세종로 광화문

소리 ㅇ처럼 가을 과즙 가득 아이들 웃음으로

서른세 보신각종 산천대천, 삼십삼천 고하고 우러르자

우리 모두 화염火焰덩이 마음 털고 나와서 빛기둥 광화문

화엄華嚴 구름기둥 경복, 옳은 길 세종거리 손뼉 치며 걷자

＊

한글의 배경 : 한글의 창제 배경은 성리학의 삼재와 주역의 오행사상이다. 성리학의 모태는 自然哲學의 광화인 역학이 배경이다. 역학易學의 입장에서 본 우리말 자음의 五音에 대한 간추린 해석이다.

ㄱ은 아음牙音이요, 五行은 木에 해당한다. 계절로는 봄이요, 방위는 東이요, 五聲으로는 각角에 해당된다.

ㄴ은 설음舌音이요, 五行은 火에 해당한다. 계절로는 여름이요, 방위는 南이요, 五聲으로는 치徵에 해당된다.

ㅁ은 순음脣音이요, 五行은 土에 해당한다. 계절로는 늦은 여름이요, 방위는 중앙이요, 五聲으로는 궁宮에 해당된다.

ㅅ은 치음齒音이요, 五行은 金에 해당한다. 계절로는 가을이요, 방위는 西요, 五聲으로는 상商에 해당된다.

ㅇ은 후음喉音이요, 五行은 水에 해당한다. 계절로는 겨울이요, 방위는 北이요, 五聲으로는 우羽에 해당된다.

78

　새해 첫날이면 행여 동해 햇살 사랑 가슴에 안기려나
동해처럼 터진 사랑이나 일터 하나 받으려나, 젊은이들
남녘 창과 햇살 들판 그리워하면서 서울 공원 비둘기들
먹이 찾아 서둘러 신호등 절뚝거리며 종묘 아래 노인들
태풍 전 고요처럼 서해 어민들은 새벽 바다로 나아가는데
여의도가 모래섬임을 잊었나, 사막 길에서 모래 말만 씹는
터진 입 씨나락 까먹는 말들로 365일 낮밤 하이에나들 집

79

　동 남 서 더러 북에서 모인 사람들은
아래아(·)하늘 본뜬 돔 지붕 속에서
언로言路 묶음 사람 갈라 세워 금그어 차단
갑론 감쌈과 을박 내침으로 찍고 찢은 난장판
안개 바다 서해처럼 안개 암호로 손가락질들
두 혓바닥 이무기처럼 내두르며 상앗대질들

금수 내 나라는 돌산 70%, 빈 솥으로 자원인데
물길을 틈이 먼저다 불 뿜는 곳 달램이 먼저다
불말 물고 불을 끄고 물 뒤집어 마른 하루하루
 ~카더라 ~아니면 말고 괴발개발 유언비어와
세 치 혀와 상앗대질 언성 비벼서 싸움박질 만

나와 '서로 의논하자'
세종 훈민 정언正言, 정도政道, 마음
백의종군, 13 혹은 12척 명량대첩을
주일무적 한마음으로 충무공 한결 광화 마음을
막말 닦달 그만들 두고 세종 충무공 서고 앉아 있는

한 마음 한 걸음 터전 광화 광화문
길이 600m 세종로, 폭 100m 세종로 네거리
600해 7,200달 219,000날, 조선 역사 새겨 놓은 길

하루 조선 개국의 종시(終始) 광화 물길 따라 걸어보자
재운 빛 마음으로 여미고 저며 오늘 불 몸 달아걸고
저미고 여민 맘으로 내일 빛 문 열릴 나라 생각하자

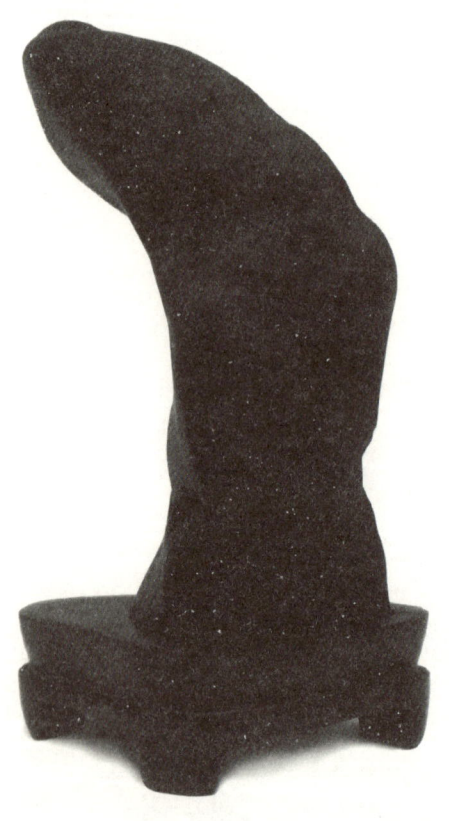

악수를 모르는 거울 속 내 나라, 저자 소장

80

훈민정음 영인본 새벽 책상 위 올려놓고
갑옷과 투구 대신 백의종군 이순신 충무공
임진정유 7년 난중亂中 칼 일기 가슴 안아 읽었다
내가 섬기는 맑은 내 교회 사제 문자 찍혀 있었다

'창천가족 여러분, 나라와 민족을 위해 기도합시다.'
잘린 민족 갈리고 찢긴 내 나라 슬픔을 위해서
찢기고 잘린 우리들 나라의 보호하심을 위하여
바빌로니아 포로시절 이스라엘의 선지자들처럼
포로시절 다니엘이 하루 세 번 조국 쪽 창문을 연 입술처럼
동서북남 갈리고 찢긴 우리민족 가슴을 안아 눈물 무릎으로
'창천가족' 여러분 나라와 민족을 위해 합심으로 기도합시다

81

 서녘 창가 앉아 돋보기 닦아 펼쳐 든다
화경火鏡처럼 펼쳐지는 난중일기 살과 피 기록
대문자로 일본해 표기 아래 '동해' 오르는 핏빛 해는
태풍과 지진 언제 동해 휩쓸어 덮을까 위태하고
언제 어디서 불 솟아 부러질까 대치북남 서해바다

'우리민족끼리'다,
"아니다, 저들에게도 알려야 한다."
비눗방울처럼 애드발룬 풍선만 띄움 불안하다
앞서 웃고 뒤서 칼 담금질 속고 속이는 * ism
꿈 속까지 얽히어 광화문 하늘과 세종로 노란 애드발룬
서해 남북 비치는 서치라이트 불빛처럼 한밤 슬픔이다
돋보기 고쳐 쓰며 기도조차 잃은 새벽 창가 늙은이 마음

*

　ism : 서해에서 티격태격 남북 혹은 북남은 서로 승리라고 우겼다. 이후 2010년 3월 27일 새벽 백령도 바다 서쪽에서 天安艦이 두 동강이 나고 선미에 있었던 나라의 아들들 46명이 갇힌 채 침몰되었다는 긴급 뉴스다. 믿어지지 않았다. 차츰 날이 밝으며 그것은 닫을 수 없는 현실이 되었다. 참으로 우리는 숙명적인 약소민족임을 일깨우고 늙은이 나의 허를 깨물게 하는 예견된 슬픔이었다.

　천안함 격침 문제를 두고 한 인기 있다는 철학자의 말이었다. 천안함의 두 동강 현실을 두고도, 그것이 "북쪽 소행이라고 나는 0.001%도 믿지 않는다." 라는 극언을 서슴지 않았다. 또 그런 말이 허용되는 내 나라 지금의 모습이 슬프다. 나는 그런 말을 한 그를 그리스의 한 소피스트 정도로 생각하지만, 이것이 지금 내 나라의 현실이요, 초상집 내 나라를 바라보는 남한 우리들의 속내이다. 땅 속에 화염으로 물을 품은 주역의 지수사地水師(䷆) 괘가 지금 두 동강 남한의 이념대립으로 슬픈 모습이다.

　ism을 주역에서는 천수송天水訟(䷅)이라 한다. 천수송의 천수는 하늘에서 비가 내린다는 뜻이고, 訟이란 본래 公共을 세우는 생명의 말씀이란 뜻이다. 마치 청명과 곡우절기에 남녘으로부터 내리는 비와 같음이란 뜻이다. 이 때 비는 만물과 사람을 살리는 생명의 말씀이다. 그러나 비가 남녘이 아닌 북녘으로부터 내리면 눈이 된다. 눈이 얼어붙으면 온 세상은 결빙상태다. 이처럼 말씀이 얼어붙으면 도그마가 되고 만다. 이것이 지금 이 땅의 지상과 지하에 팽배해 있는 ism의 형태이다. ism에 묶이면 그것이 가장 중심이 되고 옳은 것이 되니까, 그 主義 속에 있는 사람들은 꼼짝도 못하고 그 이념에 얼어붙는다. 내가 글줄이나 읽었다는 사람들과 우리의 현실을 허심으로 얘기하다가도 이런 이념의 얘기만 나오면 좌우를 막론하고 그분들의 목줄이 벌겋게 서는 것을 보게 된다. 이것이 지금 내 나라의 모래알과 같은 현실이다. 참 안타깝다.

　나는 10여 년 전 몸을 담았던 교육현장에서 그 학원 전체의 문제를 교육적으로 바로잡는다는 견해(ism)를 가지고 그 학교 내의 문제를 고발, 투쟁하고 있었던 전교조 교사 한 사람과 얘기를 나눈 일이 있었다. 여러 대화를 나누었다. 수긍할 것은 서로 수긍하다가 그 나름의 '옳음'이란 곳 즉 이념의 문제를 내가 건드렸을 때다. 그는 기러기솟대가 있는 성황당처럼, 덫에 걸린 짐승처럼, 그의 마음 깊이 그를 묶어 잡고 있는 ism이란 이념의 덫, 그 덫의 단단함에 묶인 모습을 나는 보고 말았다. 비가 얼어붙은 ism, 즉 건너기가 어려운 결빙으로 얼음 터를 만나고 보았다. 스승과 제자, 제자와 스승의 교학상장敎學相獎이 교육의 이념이요, 그 길이라는 신념으로 교육현장을 지켰던 나는 무척 놀랐다. 이런 지경까지의 나라와 교육의 현실이 되었다. 퇴직을 몇 달 앞 둔 때라 참 암담하고 괴로웠다.

82

호국의 달 6월 백령도
구국기도회 처음 가는 날이다
내자와 함께 파고가 높다는 지금 백령도
서해 개펄 낙조처럼 엎드림 기도를 했다
포은 정몽주 선죽교 선연한 피 단심처럼
마음 도사려 현장체험시를 쓰려 다짐했다
백령도에서 평양 인민궁전까지 직선 147km
인천 연안부두까지 174km 청정섬이라 했다

남북 군사분계 최북방섬 백령도
네 시간 반 넘어 파고 뱃길 두려워
몽매함으로, 젤리의 맛 왕복용 멀미약을
설명서 앞서 다 먹고야 말았다 나는
출발 앞서 아내에게도 다 먹이고야 말았다
연안부두 출발 바다는 잔잔했다
무거워지는 눈꺼풀 서고 앉으며 바라보았다
고깃배는 사라지고 갈매기들만
350톤급 데모크라시호 뱃길 기웃거리며 날았다

남한 최북단 섬 백령白翎, 백령도에
구릿빛 사내들 해병대가 상륙한지 60년
처음 열두세 시간 돌고 돌아 조류 뱃길이

지금은 네 시간여 뱃길 다행이라 했다
귀신도 잡겠다는 젊은 피 해병대들
나라를 위해서는 목숨 피 바친다는
심장에 과녁처럼 빨간 이름표 젊은이들
침묵으로 앉았다가 차렷 말씀으로 답했다

갈앉는 눈꺼풀 자꾸 비벼 바라보는 서해
데모크라시 선상 뱃길은 호수처럼 잔잔했지만
이명까지 섞여 약에 취한 몸은 파랑처럼 흔들렸다
백령도 위험수위 안개 조류 생각하면서
태풍 전 고요라고 살 꼬집었지만 혼미함으로
눈 비벼 나를 깨워 바라보는 북쪽은 안개였다

NLL 굳어지면서 60년 흘렀다, 차츰, 동안
우리민족끼리 6·15 공동선언 이후 북한은
서해 해안군사한계선은 무효 철폐만을 우겼다
군사분계선 NLL은 인정할 수 없다는 북쪽 억지
남쪽 사람들도 '맞다' 외치는 자들이 많아졌다
민족 평화공존 NLL은 사라져야 한다고 피켓 들었다
심지어 북한에 돌려주어야 한다는
유언비어들이 광화문과 여의도 거리에서
냄비에 물이 끓듯이 넘쳤고
인터넷 숲속에서 들끓었다

내가 찾아간 백령도
오늘은 '우리민족끼리' 6·25 열흘 앞서
절뚝, 으쓱하며 남북 성명이 있었던 날이다
감리교 서울연회 장로 우리들은 여름 무더위
눈시울 적셔 찍어내고 닦으면서 폭침爆沈 천안함
위령탑 앞에서 두 손 두 눈 무릎으로 기도했다
교회의 어른 신분으로 두 손 모은 구국기도회
백령도는 지금 레이더와 서치라이트 낮밤이지만
땅은 비옥하고 맑은 바람 안개 많은 섬이라 했다

천안함 위령탑은
연화리 해안 절벽 위
격침이 있던 날
처음 섬광이 목도된 곳이라 했다

황촛대 모양 작은 전구에 불이 깜박거리고 있었다
여름 푸른 언덕에 '천안' 함정 순국 46 젊은 용사들
세라복식 금방 바람에 넥타이 흔들리듯 절절함으로
이목구비 계급 이름이 청동으로 새겨 있었다

천안함정 두 동강, 연평도에 불벼락
언제 또 터지고 갈라질지 몰라 체감 수위만
파고보다 높아 있음으로 백령도의 푸른 적요
해병교회 대위 김동호 목사가 바다 속의 질서와

어뢰는 전파 추적에도 불가능하다 힘써 말했지만
교계 서울 어른들이라면서 그분들 어투 법에 따라서
끄덕이거나 주먹을 쥐거나 갸우뚱 모습 뒤서 분통을 터뜨렸다

낯선 참여 언어가 뒤져 있었던 나였다
나라와 민족분단 분파 활화산 현실 앞에서
언어를 줍거나 깁는 넋두리 그냥 오늘까지 나였다
민족 위한 대승적 결단이니 좌우익 소승적 말 날개가
아닌, 오늘만은
잦아진 피 나였지만 표호 말굽 구르며 시를 쓰고 싶었다
민족을 옥죄는 쇠사슬의
근원을 아파하고 묶인 매듭 지금을 알리는
천안함 선두船頭가 아닌
선미의 어둠을 앓고 알리는 시인이고 싶었다

2011년 6월 15일
오늘은 '우리민족끼리?'
동상이몽, 남북한 하나 될 때까지
공동공존 평화를 선언했던 날이다
한 맘 두 손 모으며 구국기도회 늙은이
찾아간 군민 반반 만여 명 목숨 땅 백령도
어디로 오가는 것일까 완전무장 젊은 해병들
1년 농사로 3년을 배불리 먹는다는 섬 백령도
백령도는 레이더와 전자 숲, 서치라이트 밤바다
천안함 폭침 후 하늘에 안개가 잦은 섬이라 했다

NLL : northern Limits Line의 줄인 말이다. 백령도는 북한의 해안과 50Km 거리다. 본래 황해도 장연군에 속해 있었던 섬이다. 1953년 정전직후 클라크 주한 유엔군 사령관이 북한과 상의 없이 일방적으로 설정되었다. 남한의 역사학자 리영희가 평화구역으로 설정해야 한다고 주장했다. 민주당과 종북세력 민주노동당, 특히 북한과 대화를 적극 모색했던 노무현 정권 때는 그 일을 추진하려고 했다. 1972년까지는 북한이 묵인해 왔었다. 이후 북한이 서해 해안의 진지를 구축 완료하면서 NLL에 대한 이의를 제기하였다. 또 북한은 백령도의 기습공격을 위하여 공기 부양정浮揚艇으로 상류연습을 한다는 정부의 발표도 있었다. 이 일 또한 0,001%도 믿지 않는 사람들도 우리들 속에 있지만 이에 대항하기 위해 정부는 코부라헬기 등을 배치했다는 얘기도 떠돌았다.

**

백령도 : 白翎島의 翎은 깃 령이요, 새의 깃털이다. 전령箭翎으로 사용되었다. 또 청나라 때는 전쟁유공자의 관모冠帽 위에 꽂은 깃 장식에 이용했다. 백령도의 '령'은 종달새 과에 속하는 명금鳴禽이다. 몽고 '종달이'라 한다. 백령도에는 심청의 인당수 효심을 기려 심청각이 있다. 본래 섬 이름은 노랑부리따오기가 흰 날개를 펼치고 공중을 나는 모습처럼 생겼다 하여 곡도라 하였다. 우리나라 14번째 크기 섬에서 지금은 8번째 큰 섬이 되었다. 특히 두무진 해안 바위들은 참으로 절묘하다. 옛날 한 시인은 늙은 신의 마지막 작품이라고 예찬했다.

83

나라는 탁상공론 남루襤褸 참담 동강나고
백성들은 무명옷 무릎처럼 찢어 헤졌다
부서진 우리 수군 배는 13척(일설 12척)뿐
장수는 헐렁한 몸에 죄수복도 벗지 못한 채
조정의 갑론을박 마음은 낙인 그대로였지만
하늘 물터와 물때 왜적들 놓칠까 맨발이었다

오직 마음은 나라 위해 붉은
목숨줄도 놓겠다는 홑저고리와
홑바지로 뒤를 따르는 헌 옷 병졸들
헤진 무릎 늘어진 어깨로 노를 저어갔다
승승장구 왜구들 조총과 133척 날랜 배 노략질
피 맛 살의 맛, 왜장과 왜구들은 거칠 것이 없었다
맨발 홑옷으로 우리 수군 통솔, 흰 옷 장수 읍소 계啓는
지금 신이 있고 전선이 아직 열두 척 있습니다
今臣戰船尙有十二, 아직도 열둘
혹은 열세 척 싸움배가 남아 있습니다
슬프다. 이것이 충무공 재운 빛 솟는 힘, 광화 가슴 찢어
나라에 올린 피 글씨였다

84

공이 어룡동魚龍動 물때와 물터를 기다리다가
왜구 수장시킨 지금도 때가 되면 그 터에는
강강술래, 강강수월래強江水越來? 한복 아낙네 노래는
* 징비록 징비懲毖치 못했던 그 때 회오悔悟 가락 담았다
회오리 물결 따라 원을 그렸던 백성들 강강술래 울음터

아, 진도대교 아래 휘몰이가락으로 얽히고설켜서
울돌목 임란정유 물터 물때의 명랑대첩 울음터는
지금도 한가위 달밤이면 임진정유 징비록 그 날처럼
흰 옷 피와 눈물 씻고 섞어 중모리 중중모리 휘모리
바랜 홑옷 때와 회오리 물터를 잊지 말아야 한다고
색색 한복 입고 가앙강수월래 진양조 가락이 펼쳐진다

7년 전란 초토 속 나라는 명재경각
약소민족 동서남북 패거리들 지금이나 예나
세습 얼뜨기 나라님과 갑론을박 육조 패거리들
서해어룡동誓海魚龍動
맹산초목지盟山草木知
천지신명이며 초목에게 알리고
바다의 용을 움직여 왜적들 물리침이
차라리 말없이 계시는 정음 하느님에게
헤진 옷 백성들과 흰 옷 장수 다짐이었다

임진 정유 7년 초근목피 전란
정음 말씀으로 천지신명께 서약하고
아낙들은 정화수 떠 새벽 추위 앞에서
사내들은 붉은 살점 목숨 뜯어 물길 막았던
그 때 홑 마음으로 뭉쳤던 흰 옷 겨레들
지금은 남북좌우 진보보수 수구 종북으로 나뉘어
핏발 눈과 칼날 마음으로 아귀아귀 생피 내 조국
흰 홑옷 백성들 여원 가슴 피멍울 슬픔이여

노량해전
왼쪽 적신 붉은 피
한 손으로 눌러 막으며
*"싸움이 급하다, 나 죽었다 말고
두 손 높이 들어서 북을 쳐라"
네 매듭 흰 옷 장수 말씀
해소咳嗽 늙은 가슴
나를 찢었다

*

징비록懲毖錄 : 지나간 일을 뉘우쳐 고치고 뒷근심이 있을까 삼간다는 뜻이다. 임란 당시 병조판서였으며 국방을 책임진 4도 도체찰사都體察使를 겸했던 서애 유성룡이 쓴 책이다. 기록은 임란~정유 6년 참상을 무술년에 기록한 귀중한 전쟁사료 역사책이다. 기록 속에는 양반이었던 자기의 무능과 한계, 임금을 비롯한 나라의 녹祿을 먹는 지도층들의 비겁과 무능, 그리고 도체찰사로 전쟁의 전략과 싸움터에서 보고 들은 전쟁의 참혹상을 기록했다. 10여일에 한양, 개성, 평양이 함락되고 임금은 마침내 파천까지 했다. 압록강을 넘으려는 선조를 목숨을 걸고 만류한 서애 유성룡, 그는 하루 동안 영의정을 한 기록도 가지고 있다.

김일성이 당시 공산주의 러시아의 뒷심을 믿고 남침을 결행한 1950년 6. 25 동족상잔도 그랬다. 해방 후 준비가 없었던 탓도 있지만 그 때도 남한은 지금처럼 사상의 혼란이 있었다. 임진왜란 선조의 몽진 때처럼 이승만 대통령은 서울, 대전, 대구, 부산으로 후퇴하면서도 나는 후퇴하지 않고 국민과 함께 있다고 했던 건국 대통령의 행적과 비슷하여 참 씁쓸하기만 하다. 우리의 해군함정 천안함이 두 동강난 사태를 두고도 이 나라의 지금 모습을 보라, 이 일 또한 시대는 달라졌다지만 임란정유 7년 때나 6. 25 일어나기 전후 혼란했던 때나 지금 때나 저울에 단다면 그 양리量理의 사변事變과 성리性理의 권변權變 사이, 즉 담긴 양과 생각의 추錘에 얼마나, 어느 정도 경중이 있겠는가, 똑같다.

* *

싸움이 ~ 쳐라 : 이순신의 난중일기는 1598년 11월 17일 끝나고 있다. 이 말을 남긴 것은 그해 11월 19일 새벽 관음포 앞바다였다. '싸움이 ~ 쳐라'의 "戰方急愼勿言我死"는 징비록과 선묘중흥지에 수록되어 있는 난중일기의 본문 구절이요 충무공 이순신의 마지막 말씀이다. 이 기록들을 보면 나라가 싸움 중에도 원 균과 이순신의 공과를 두고 조정의 신하들은 두 패거리들로 나뉘었다. 그러나 무능했던 선조의 태도와 이산해 등의 입김으로 원 균 쪽으로 기울었던 당시 조정의 짓거리들을 보게 된다.

난중일기 전략과 전술의 가치 그리고 이순신의 노량해전 죽음을 본 뒷날 역사학자들의 평가다. 백의종군했던 이순신 장군은 전쟁과 함께 그의 목숨을 버리려고 했다. 참으로 수긍이 가는 해석과 평가다. 천안함 사건을 두고 좌우익 사람들의 터진 입, 뱉는 말들을 보아라. 却說, 그 중에도 서하 이민서의 충무공의 죽음에 대한 정곡을 찌르는 말이다. "李舜臣方戰免胄自中丸以死" 이순신은 한창 싸우는 마당에서 스스로 갑옷을 벗고 적탄을 맞아 죽었다.

85

죽음보다 어머니 나라
아내와 새끼들 가슴 밟힌
충무공의 거룩한 분노 백의종군
손을 들어 공은 최후까지 부탁하기를
"나 죽었다 말하지 말라, 북을 쳐라
싸움이 급하다" 네 매듭 피 목숨 말씀

하늘이 내려주신 웅소리, 정음 세종 이도 님과
목숨 꺾어 정음 지킨 충무 이순신 광화 마음 광장
재운 빛 솟은 힘 세종로 광화 낮밤 서고 앉으셨다
약소 분단 조국 60년 빛 힘 숨, 터전 광화문 광장
좌우익 종미종북從米從北 하늘 찔러 상앗대질 만이다

중수中樹 박정희 대통령이 쓴 현판

성급함이 부른 찢어진 중수重修 光化門 현판

86

세계 해전 사상에서 전무후무
23전 23승 빛난 살 피 전쟁 성과
동고서저東高西底 4대강 치수治水
부분 천도를 놓고 나라 몰골은
임란 정유 조정 4대문 넘어 현충사가 있는
옛날은 충忠과 청淸 느린 예禮 터전 땅까지
동서분당 백척간두 진보進步도 없는
와르르 삭발하고 편 가르고 헤쳐 모여
서해 인당수 해역은 한 민족 두 마음으로
찢고 찢어 소용돌이 민족끼리 피비린내
서해 NLL은 안개 파고만 높아가는
공포와 불안으로 나라 낮밤이 슬프다

87

단기 4342년 10월 하룻날
정음 우리글월 만드신 이
높이 6.2m 폭 4.3m 무게 20톤
왼손에는 훈민정음 해례본 오른손은
안성맞춤 높이 입가에는 온화함으로
세종 이도 님 동상 세종로 광화문 광장
군자는 남면南面이어야 함을 지켜 앉으셨다

찢긴 상처 봉합 어둠 걷어 새 빛을
두 손과 한 맘으로 광화문 '새 빛 들 이'
길이 157m, 폭 34m '빛의 문' 열리던 날
서녘 서울 하늘 잠간 천둥 번개 무섭게 들렸지만
소나기 쏟아 바람 빗질했던 청정 정화수 날이었다
2009년 8월 1일 밤 8:00 오색 불 밝게 켜 하룻날은
중축 광화 마음 함께 다져 둥둥 큰북 마음을 올렸다

88

불 마음 유언비어
ism과 우후죽순 기복종교
물과 불 엉클어져 함몰하는
낮밤 패 갈려 정쟁 싸움박질
화염 불덩이 너와 나 몸 먼저 마음 이제는 놓고
재운 빛 솟는 힘 '맘몸'이 되어야 우리가 산다
옛 묻고 오늘 올려 새로 태어난 광화문 세종거리는
연등 올리는 맘으로 두 손 잡는 거리가 되어야 한다
마음과 마음 재워 솟는 마음과 얼터 세종로 광화광장
무등無等 빛 솟고 터져 오르는 터전이 되어야 우리가 산다

씻고 가꾸어 세종로 광화광장
열둘과 스물셋 분수대 물줄 올리고
조선건국에서 대한제국 역사 돌판 새겨
600년 청사 물길 아래 기록 흐르게 했다
작은 꽃들로 공원을 꾸몄다
폭 17.5m 길이 162m
응어리 가슴 꽃들처럼 피어나고
씻어 흘러가리라고
재워 더욱 빛 덩어리 한 마음으로
광화 광화광장 복원하였다

89

축제 하룻날 이름 붙여
'새 빛 들 이'
재운 빛 우리 광화터 허리 펴고 굽혀서
하루하루 허리 굽혀 펴며 224만 537 꽃송이
꽃노래 꽃 마음으로 우리들은 세종로 600m 거리
1394년 10월 28일부터 2009년 8월 1일 오늘까지
그 날부터 하루하루 날짜 세어
224만 537 꽃송이 심어 가꿨다

꽃에는 벌과 나비도 날아오지만
진드기 진딧물이 더욱 숨어 자란다
재운 빛, 솟는 힘으로 다시 태어나는
광화광장은 진딧물 진드기들만 판치고
들끓는 누런 잎과 입 광장이 되지 말아야 한다
네 꽃봉오리 마음 속 네 벌 나비 찾아 올려보내고
내 속 진딧물 진드기 광화 햇살에 말려야 우리가 산다

90

광화광장에서 경복궁을 가는
육조터 팻말 밝혀 꽃을 심었다
백성들 밥 마음을 청명 꽃을 가꾸듯
가꿔 다짐하리라 맹세하는 마음으로
예법禮法 기려 꽃 마음으로 광화문 거리

좌우 폭 1m 길이 162m 광화광장
동편 검은 대리석에 새긴 역사의 물길
1392년서 2009년 8월 1일, 617년 225,205 낮밤을
17개 돌판에 먼저 간 사람들 꽃과 열매로 삶법과
진드기나 진딧물 못 읽어 먹힌 자국도 섞어 새겼다

혼자서 걷는 때도
더욱 옷깃 여미어야 하는 이 광화광장 길
된 사람만이 땅 하늘 허점을 깁는 이치 알고
둘이 걸을 때면 내 오른편에 너를 모시는 법
광화 세종로 광화광장은 꽃 올리고 하늘열매 되는
빛 힘, 숨터 되어야 한다는 우리 모두 함의含意였다

91

광화광장은 너와 나 불 마음 걷어 빛과 힘 숨 거리다
나는 너에게 너는 나에게 빛이 되고 숨이 되어야 하는
봄여름 땀과 가을 지나 겨울 맑은 추위에 가슴 여미고
눈물과 귓불에 회초리 와서 닿듯 매서움으로 서는 거리다
찬연 봄날 오고 여름 가을 주렁주렁 능금 열매들 다시 겨울
사람마다 신단수神檀樹 빛 거울을 차고 걸어가야만 하는 광화문
배달민족 나를 보며 힘찬 빛이 되어 서야만 하는 광화 거리다

92

넘실넘실 햇살 넘치어라 얼꽃 광화문
정음 오름 말씀 간직하여 더욱 높아지어라
빛과 힘 숨으로 뿌리박아 맑은 터가 되어라
세종 이도 님과 백의종군 충무공 얼과 숨 제단
재운 힘 솟은 빛 그리워 다시 가꾼 세종로 광화문
자자손손 말씀 24자 정음 빛과 힘 거리 되어야 한다

빛은 옹소리 훈민정음 하늘 말씀 집으로
힘은 말씀 따라 심고 걷는 충서忠恕 마음으로
우리의 숨은 사통팔달 하늘까지 닿는 광화문 거리
세종은 백성을 가르치기에 바른 소리 한글을 만들고
글 나라 지켰던 충정으로 우뚝 이충무공 청동신검 거리
작은 나라 낮 밤 지킨 순신의 오른손 칼은 놓지 않아야 한다

93

머잖은 귀일歸一 남북 하나 광복 그 날에
빛과 힘, 숨, 얼터 광화문 세종로 거리에
세종대왕 이도 님과 충무공 이순신 장군 사이
벼룻돌 산지 평안북도 위원 땅 단계석端溪石이나
충청남도 보령 남포 연석硯石에 먹을 갈아야 한다

600년 조선 질그릇 발효 식품들 질박함과
젖빛 조선사기 뚝뚝 땀방울 막사발 베잠방이
어머니 들일 나가실 때면 시어머니 놋그릇 밥
다독여 구들에 묻었던 본디 *경재잠敬齋箴 섬김의 탑
일찍 등이 굽어 하얀 머리 할머니는 재 넘어서 귀갓길
코흘리개 손녀손자 두 손발 묻어 녹여 주었던 아랫목 마음
숨죽여 말씀나라 지켜 살아온 하늘 땅 마음 사람 마음 본떠
단계석과 남포 연석에 아기작아기작 얼꽃 다독여 글을 새기자

경재잠敬齋箴 : 퇴계의 성학십도 중 제 9도의 이름이다. 이 圖에는 聖人 즉 사람의 "~됨과 사람다움"에 대한 나라의 지도자나 나의 행동거지를 말하고 있다. 퇴계는 천지상응天地相應이란 말을 사용, 태극이 인간의 마음에 있음을 확인했고, 태극은 조화가 드러나는 자연의 영역이요, 천명은 사람과 사물이 받은 바의 역할과 도리를 가르치는 것이라고 했다. 즉 조화의 근원이 태극이요, 유행의 근원이 天命이란 생각이었다. 이 원리로 퇴계는 성학십도를 그리고 쓴 것이다.

조선 말 남인 계층들에 의해 야소교가 우리나라에 받아지면서 그들은 경기도 광주에 있는 천진암에 모여 퇴계의 경재잠도와 성서의 사도신경을 함께 읽었다. 敬이란 하늘과 자연과 사람을 우러러봄이라는 뜻이다. 경은 부모와 이웃에 대한 사랑이다. 사람의 경우 충효의 아들이라야 늙은 부모를 잘 공경하면서 네 이웃을 내 몸처럼 잘 공경한다는 뜻이다.

이런 관점에서 한글로 철학하기에 평생 심혈을 쏟았던 多夕 유영모 선생은 기독교를 최고의 효도 종교라는 표현을 썼다. 현재 선생에게 들은 多夕의 YMCA 강의실에서 한 에피소드이다. 다석은 몇 명 제자들 앞에서 춤을 추면서 가르치기도 했고, 어느 때는 배우러 오는 학생들이 한 사람도 없어서 두어 시간 동안 혼자 기다리다가 세검정까지 걸어간 일도 있었다고 했다. 염불보다 잿밥, 지금의 종교 집회는 많은 사람들을 모으는데 혈안이 되어 있다.

2,500여 년 전 인도의 한 군중 설법가는 자기가 설법할 때에 군중들이 수수 백 명 모임을 자랑하면서 문수보살에게 말을 걸었다. 이에 대하여 불교 진리파지의 2인자인 문수보살의 답변이었다. 내가 설법할 때는 前 三三이면 後 三三이었다 는 말로 답했다. 옳은 말씀이다. 진리의 힘은 다수결이 아니다. 어떻게 진리가 다수결일 수 있는가, 진리는 한 사람에게서 나오는 것이지 대중에게는 나오지 않는다. 그래서 참된 스승으로, 예지의 종교가로, 나라의 참된 지도자는 인기몰이에 연연하지 않는다. 청와대에서 바라보면 오른편 바위산이 석가를 상징하는 仁王이고, 왼편의 봉우리가 북악이다. 이것이 文武의 질서이다. 북학의 뒤가 불교 지혜의 상징인 문수봉이며, 그 옆이 자비를 상징하는 보현봉이다. 우리의 현실정치 또한 중지를 모은 지혜가 먼저여야 한다. 그리고 전문성과 지역성을 배려해야 한다. 그러나 무엇보다 삯꾼이 아닌 일꾼으로 사람들을 배치시켜야 한다.

94

세종 임금과 충무공이 바라보는
태평로나 물길 청계물길 광장에
낮고 둥글게 탑 눕혀 세우자
낮고 둥근 탑에는 양각으로
코흘리개 개구쟁이 사내아이를
곁엔 작은 손 누이의 음각 부조浮彫를
작은 손 누이 뒤는 흰 머리띠 지아비와
두 손 마주잡은 두세 형제자매나 오뉘들
마주 잡은 매듭 손과 치마 허리띠는 음각 양각으로
질끈 동인 지어미 허리띠 보일락 말락 파서 새기자

지어미 뒤에는 며느리 사랑 시아버지 주름 이마
밤길처럼 깊은 주름 이마 시아버지 얼굴과 작은 키
여윈 가슴 할머니가 숨겨 웃는 모습은 양각 음각으로
온 가족들 앞뒤 위아래는 얼터 광화문 봄여름 하룻날
대한조국 청명 가을 겨울 지킨 낮은 목숨들 다독여 새기자

삼천리 땅 동강동강 와해시킨 패거리들 먹물로 삼아
북남 함께 본디 금수錦繡 내 나라 엎드리고 숨죽이며
숨죽여서 살아온 사람 모습을 경복궁 햇살 마당처럼
햇살 속에서 품계品階받던 처음 마음가짐 넣어 새기자

6·25 정전 직후 판문점 모습

95

본래 바탕 우리민족은 동북아
하느님 숭앙 천신 족속 후예였다
환한 바탕, 환한 웃음처럼 바람 소리
오른손에 청동 신검神劍 충무공 모습처럼
우리말 모음 기본이 된 • ㅡ ㅣ 셋 안 하나처럼
하나 안에 셋과 셋 안에 무극태극 한결 하나처럼
하늘 우러러 빌며 땅을 일궈 살아온 천신족이었다

하늘님 환인桓因
붉님 환웅桓雄
곰님 환검桓劍, 일찍부터
하느님을 섬겼던 하늘민족이었다
성부, 성자, 성령의 삼위 하나 셋
알고 모셨던 후손과 후예들이었다

마늘 쑥 비빔밥으로 인고忍苦
매운 설움 섞고 맵짬 다져 먹으면서
터진 바탕 환한 바람 소리 환한 꿈을
오른손 신검으로 우리 땅 금강 솔향기
마른 몸 깎아 하늘 우러른 맘과 몸으로
세종로 광화광장에 얼과 꽃 문 세웠다

96

들락날락 흰 옷 겨레

너와 나는 *나명들명

능통과 형통으로 여닫는 빛 힘 숨 광화문

우리는 하늘 아래 光·化·門 딸 아들답게

한 안음 푸른 한글 거리를 만들어 살아왔다

나는 너와 다른 나에게

너는 다른 나와 너에게

정음 훈민 하늘 옹소리 마음 여닫으며 맞아들였다

너 속의 빛 나에게

내 속의 숨과 힘 너에게

사람됨과 사람다움으로 광화문 세워 지키면서

*능변여상能變如常 하늘 진리 품고 붙들어 살아왔고

본디 우리 환한 바탕 기르고 환한 바람 길 살아왔다

광화터 바로잡고 새로 가꿔 꾸민 세종로 광화광장

청동 신검 역사, 얼꽃 광장에 224만 537 꽃송이 심듯

옳 마음 우듬지 두 손으로 보듬고 다듬어 가꿔 나아가자

*
　　나명들명 : 고려가요 쌍화점의 후렴구이다. 쌍화점은 고려 말기의 문란한 성생활과 어지러운 사회상을 잘 표현해 주는 시이다. '나면서 들어오면서' 혹은 들락거리면서란 말 속에는 아이들이 이 방에서 저 방으로 들락날락, 아낙들의 빨래터에서 들락날락 입방아, 사내들이 사랑방이나 주막집에서 나누었던 출처불명 ~ 카더라, ~아니면 말고, 식의 말들이다. 지금의 인터넷이란 가상공간에서 여론몰이 하는 말과 같은 것들이다. 불확실한 사건에 대한 침소봉대, 아니 땐 굴뚝에서 연기가 날까 라는 개연성으로 던지는 말이요, 임금님 귀는 당나귀 귀 등, 유언비어와 알레고리의 말이다.

생명나무 앞에서

* *

능변여상能變如常 : 주역에 나오는 유명한 말 중 하나다. 항상 같음을 유지하기 위해서는 늘 변해야 한다는 뜻이다. 즉 능변이란 변화가 주체라는 생각이다. 물의 현상적인 모습은 흘러가는 속성에 있다. 이것이 물의 불변성을 지탱해 주고 있는 것이다. 사람의 삶도 '살다'라는 동사에서 왔고, 일도 '일어나다'는 동사에서 왔다. 이런 능변여상의 생각에서 法이라는 한자어가 만들어진 것이다. 사람들의 살아가는 법도도 물의 흘러가는 법과 이치를 알아야 변함을 붙잡을 수가 있다는 뜻이다. 이것이 삶에 있어서 諸行無常의 법이요, 이것이 성서를 지탱하는 믿음은 바라는 것들의 실상이요, 보지 못하는 것들의 증거를 붙잡는다는 지혜의 말씀이다. 주역의 원리도 無常을 능변으로 붙잡는 행위로의 삶법이다.

최고의 법은 물의 흐름을 잡는 자연법이다. 주역이 말하는 不易과 變易과 그 중간을 잡는 簡易가 자연법에서 삶을 터득하는 출발점과 마침이다. 처음으로 돌아감이다. '능변이면 여상'이란 말만 알면 주역이 말하는 삼라만상의 變易, 不易, 簡易를 붙잡을 수가 있다. 지금 우리들이 무슨 일을 두고 '나만의 때'에 끝을 보겠다는 서두름에서 빚어진 갈등과 무질서는 변역과 간이만 알았지 불역의 중요성(차오름과 느림의 때)을 상실함에서 온 것이다.

불역의 역逆, 즉 역易은 역逆이다는 말을 붙잡을 때 연비어약이란 자연의 이치를 알고 붙잡게 된다. 이것이 나무의 뿌리를 보지 않고도 꽃과 열매를 통하여 뿌리를 붙잡고 살아가는 '사람됨과 ~다움'으로 삶법이다. 나 혼자 있을 때 한 행위나 말이 가장 크게 들린다는 말이요, 내가 어떤 상황에 있을지라도 자연이나 세상 法과 윤리를 지킬 수 있다는 주체로 서 있음으로의 법이다. 즉 능변여상으로 삶 법인 것이다.

97

세종과 집현전 젊은 학사들 두 손 한마음
*천지인天地人 뜻 받듦이 사람이라 만드신　소리
훈민정음 스물여덟 빛 거리에 +α ㅸ, ㆅ, 30자
다져 가꾼 광화문에 406자 훈민정음 본문의 큰마음
너와 나 나와서 '의논하자'정음 말씀 크게 새기자
세종로 노래가 되고 나랏말 지킨 이들 이름 불러 모아
청계 터진 물가 억새풀 자라듯 푸르게 마음 새겨 기르자

*

天地人(셋 하나) : 기독교가 말하는 성부, 성자, 성령의 三位一體라는 말은 인성과 신성을 지닌 예수로 압축됨을 고백하는 데서 출발이고 마침이다. 또 주역의 무극이 태극이 되고, 태극이 음양으로, 음양이 다시 사상으로 그리고 삼라만상으로 확대된다는 理法 또한 하나 속의 셋의 이치를 말한 것이요, 셋 속의 하나를 말한 것이다. 우리 모음의 기본자인 ·, ㅡ, ㅣ나 자음의 3단계로 점층적 변화의 이치도 이 셋과 하나의 원리를 적용하여 창제된 것이다. 그래서 한글은 하늘말씀이요, 하늘말씀인 한글을 쓰는 우리민족이 궁극적으로 하늘에 머리를 두는 천신족天神族이요, 하늘백성이라는 것이 내 생각이다. 이런 우리 한글의 이치를 多夕 유영모 선생은 'ㄱ온찍이'요, '울소리'라 했다.

98

함의含意였지만
흰 옷 겨레 우리는 본래 붉꿈 기다렸다
세종로에 우리 말길 물길 내어 천 년 청사 새겨지기를
분수는 혼융渾融 서울 하늘 맑고 밝게 쓰는 빗질이기를
한 줄기 샘물이 개펄진창 밝혀 참 맑음 별이 떠어지기를
불덩이만 올리는 분노에 물대포 대항하며 물불 분뇨덩이
퉤퉤,
분뇨말들 그만 씻고 걷어 내자는 함의를 기다렸다

훈민정음 만드신 세종 동상 광화 광화광장 가운데 모시면서
충무 서릿발 마음 있음으로 훈민과 정음 광화 거리가 되기를
나라 글 있어서 삼천리가 화려 금수강산, 하늘마음 오르기를
그리워서 사람들은 묵묵부답默默不答 가꾸고 다듬어 이천구 년
다사롬, 한결, 어와둥둥, 목숨 우리 다할 그 날, 그 때까지
모두 잡은 손들 하늘 여민락與民樂 올린 숨터 열매 '새빛들이'
배달겨레 솟는 빛 터진 숨터, 광화문 활짝 열리고 닫히기를

99

길이 육백 폭 백 미터 세종로 광화 광화문 빛 거리
나라 안에서 넓게 터지고 신령으로 울타리 해야 할
육효六爻 백 번 길이 신단 세종로 광화광장에 우리는

어짊仁 받듦禮 앎智 옳음義
네 짝 문은 하늘빛 열매
곧고 넓고 큰 나무처럼 사람들 가꿔
보신각普信閣 마음 종 높고 깊이 울리라고

겨레 얼 꼴 만드신 세종임금 가슴엔 훈민정음
민족 존심 버티어 충무공 오른손엔 청동 신검
할아버지 할머니 아버지와 어머니들 무궁무진 하얀 꿈
광화문 버선코 추녀 안은 가을하늘 함박웃음은 무궁터전
남북동서 하나 어울려 아들딸들 청청노래 재운 빛 위해서
좌심방 가슴팍엔 재운 빛 훈민마음
오른손엔 솟는 힘 칼 노래를 위하여

100

2006년 12월 광화문 해체
2010년 8·15, 3년 10개월
1865년 고종 때 중건 국운융성
두 손 조선 마음 이층집
아치형 세 홍예문 소슬지붕 받든
추녀는 외씨모양 버선발
누이 외씨버선 콧날처럼 사푼함
단청 고운 빛 올려 태어났다
경복 정전 근정전, 홍례문, 재운 빛 솟는 힘
일직선으로 광화 광화문
동남서북 배달민족 품어 부르고
세계 향해 광화의 문 열고 열리라고

epilogue

세움의 노래

1

너와 나 재운 빛과 솟는 힘은
샘물처럼 솟구치는 맑은 숨일 때에만
맘 먼저 붙잡고 몸 뒤 단정함일 때만
나라 얼꽃터 광화문 화化 마음 오르리라

나다움과 나라 됨으로 여미고 저밈에서
어둠이 개키듯 재운 빛 터져남이 광光이요
광화 두 문짝 암수 돌쩌귀 짝 맞아들임처럼
정음 빛 힘 숨이 사방으로 솟구칠 때 광화 광화문
어제 오늘, 장래 수직 수평 푸른 터짐 문門이 되리라

2

재운 빛 솟는 힘 맑은 숨 터진 광화 세종로
나는 너의 오른편 재운 빛 문설주와 문짝 마음 되고
너는 나에게 솟는 힘 왼편 문짝 문설주의 마음이 되자
나는 광화 문짝 암돌쩌귀 너의 은은 뜨거운 가슴 맞아들이고
너는 나에게 꽃대궁 푸른 심줄과 수돌쩌귀의 손발이 되어주자

3

너와 나 마음 다스려 광화 두 문짝이 되고
솟은 마음으로 꽃봉오리들 열매 갈봄이 되고
너는 내게 샘물이 되고 나는 샘물 새벽을 올렸던
우리 모든 어머니 새벽 하늘 정화수 놓는 마음이 되자
잠긴 빗장 나와 너 마음 풀어 우리 새끼들 낳고 기르며
반짝거리는 풀잎 샘물 노래가 되어 너와 나 봄 가을날이 되자
너와 나는 광화 광화광장 아아雅峨 물결 부딪는 가을이 되자

최후의 만찬, 김병화 作

4

불을 품어 빛으로 서는 됨의 참사람 거리
세종 이도 님과 충무 이순신 님이 서고 앉은
민족 도추道樞, 세종로에서 종묘까지 신단수 거리
광화문 세워 닦고 묶음 있었음이 빛으로 솟아 우리는
푸른 가지 붉은 열매가 될지니 너는 나에게 나는 너에게
'새빛들이' 씻어 난 광화광장 *광개토廣開土 광화문이 될지니
너와 나 얽히고설켜 난마처럼 실타래 마음을 풀려 빛으로 축제
하늘 본래 마음 사통팔달 터진 마음터 세종로 광화광장을 걷자

   ✽

  廣開土 : 열하일기 중 한 토막이다. 연암 박지원이 집안 형이었던 進賀正使 박명원의 서장관으로 청나라를 가면서 적었던 한 날의 심회였다. 글 속에서 연암은 사내대장부의 좋은 울음터로 세 군데를 지적했다. 하나는 금강산 비로봉에 올라 동해를 바라보면서 우는 울음이요, 둘은 황해도 장연평야의 금모래의 밭을 거닐면서 울음이요, 셋은 요동벌판에 들어서면서 잃어버린 만주벌판. 여기서부터 산해관까지 천이백 리 한 점의 산도 없는 하늘 끝과 땅 변두리가 맞닿은 곳이 좋은 울음터라 했다.

  이것이 내가 생각하는 우리의 광개토대왕의 마음이다. 내가 말하는 광개토 마음이란 쥐눈이콩만큼 땅덩어리에서, 삼국시대부터 동족이 미워 동족을 죽이고 큰 나라에 빌붙기에 연연 급급했던 약소민족의 결과였지만, 동서, 남북으로 갈라 싸우지만 말고 우리 땅이었던 만주를 생각하자는 것이다. UN에서 만주가 우리나라 땅이라는 것을 외교와 국경문제로 재판이라도 걸어 두어야 하지 않겠느냐는 생각이다. 이 일이 어찌 나만의 넋 둘레요, 넋두리에 해당되는 일과 말이어야 하겠는가.

광화문 시를 묶으면서
안고 안기었던 나의 독서 공간

　광화문을 구상하고 쓰면서 밑힘이 되었던 네 절문切問으로 독서 여적과 임진 새해를 여는 시 그리고 참고문헌의 여섯 매듭의 시공時空이다. 그 중 시의 밑힘의 두 지도리는 주역과 난중일기였다.
　역경은 복희씨가 썼다는 괘卦와 주왕이 쓴 단彖, 그리고 문왕의 둘째아들 주공이 쓴 상象으로 이루어졌다. 내가 주역을 접근한 방법은 공자가 해설한 계사전을 읽은 후에 주역의 본문을 읽어 나갔다. 공자의 해설을 익翼이라 한다. 익이란 주역에 날개를 달았다는 뜻이다. 그렇게 읽어야 할 것 같아 그랬다. 64괘 중에서 너와 나 그리고 국가의 화해와 치유에 관련된 괘 몇을 여기에 인용했다. 이 글에 인용된 역의 해석 방법은 현재 김흥호 선생의 견해와 관점을 따랐다. 그리고 이순신의 난중일기를 읽고 인용한 몇 곳도 내가 광화문의 시를 구상하고 쓰는데 밑힘이 되었던 독서 공간의 지도리였다.
　시집 광화문은 나됨으로 나와 바로 섬으로 나라의 모습을 써 보려고 했다. 비유컨대 삼칠이면 달걀이 병아리로 깨어나듯, 또 병아리는 반드시 달걀을 깨고 나와야만 보고, 뛰고 날아가는 삶의 理法처럼 광화문의 시들은 내가 먼저 '몸나'에서 나와 '맘나'가

되어야 하고 나라 또한 내가 없어지고 '나와야만 날아오른다.'는 생각을 붙잡으려 한 작품들이다. 몸나를 벗어나 맘나가 되는 길, 이것이 광화문을 통해서 보려고 한 내 시의 미학이요, 역사관과 우주관이다. 이것이 우리민족이 불교 고려를 지나 조선을 건국하면서 성인정치를 택한 유학은 불교처럼 이상세계를 설정하지 않는 이유라면 이유였다. 그러나 이 한계가 종교까지 도달하지 못한 조선의 실천윤리학으로 성리학의 한계였다. 이 유학 치세만의 한계라는 그 치열함이 지금까지도 派와 黨으로 갈리고 찢어져 질서를 잡지 못한 나라의 몰골이 되고 있다. 그러나 내가 아는 유학의 바른 입장은 내가 나에게서 나올 때 너와 나라와 하나님의 일이 보인다고 했다. 이것이 과정적 존재로 사람을 보는 유학의 장점이다. 이 점을 우리는 간과하지 말아야 한다. 됨과 다움의 그리움으로 걷고 뛰고 날아야 하는 것이 사람으로 길이요, 시인의 가치라고 나는 생각한다. 광화문의 시들을 종횡으로 잇고 있는 이런 나의 작은 '생각틀'의 배경지식을 광화문의 시 뒤에 인용해 두었다.

餘滴・하나

임진 조국 귀일歸一을 위한 노래

2011년 신묘辛卯년은 남북한 두 쪽 수도
평양과 서울에서 무너지고 뒤집힘으로
동지動地, 깡충 토끼처럼 한반도 화들짝 들이었다
남북한강이 만나는 양수리 팔당이나 한탄 임진강
위험수위 때면 자맥질로 숨고 드러나는 잠수교처럼

땅에서 본 하늘 별자리 28수宿 본뜬
우리글 훈민정음 처음 28 자모 음운처럼
백두 514.4Km 물길 한강 거쳐 서해로 흘러가는
내가 사는 일산 임진강까지 28 콘크리트 철다리
검붉고 하늘 빛 더러 시멘트 빛 강물 위 교각들

서울 강북과 강남을 다리로 이어,
강남은 더욱 해 찰랑, 강남 서울이게
강북은 지질이 더욱 서울 강북이게 하는
한강에 스물여덟 콘크리트 다리가 놓이고
다리 위로 다문화 팔짱 사람과 차들이 오갔다

나는 한강다리 위를 한낮 거북이나 한밤 총알처럼
속도감과 짜증 체증 때론 헤친 가슴으로 뛰어내리는
찢고 터진 과적으로 누르고 흔듦으로 시련 줌만 아닌
물밑의 녹슬고 뜯겨 보이지 않지만 너덜너덜 버팀으로
으깨고 금간 콘크리트 이끼 벽 소리를 듣고 보려 했다

흐린 물 밑에서 풍우와 사람들 오감을 버텨 지키는
철새와 서해 바닷고기들 알터와 사람 사랑 사냥 한강
자칫 1592년 임진왜란 7년 탁상공론 여의도는 그 때처럼
흰 옷 겨레의 초근목피 흙비바람 때와, 때를 놓지 말자고
2012 흑룡의 해는 푸른 춤 화해 답교놀이가 되어야 한다고

흰 옷 겨레 한탄漢灘 임진 한강 오가는 하늘 고축 5연 28행으로
사람이 그리워 물길 위에 스물여덟 하늘 별자리 시를 쓰려 했다
2012, 임진년壬辰年은
28 한강다리 꿈틀 광화 마음이 되어야만 한다고

餘滴 · 둘
난중일기 抄

1592년, 48세, 1월 1일, 임술, 맑음. (선조 25년)

새벽에 아우 여필(이우신)과 조카 봉과 아들 회가 와서
이야기를 나누다
*천지天只 곁을 떠나 두 번이나 남도에서 설을 쇠게 되니
뵙고 싶은 마음이 간절하다
병사(병마절도사)의 군관 이경신이 와서 병사의 편지와
설 선물로 장편전長片箭 등을 가져오다

* 天只 : 어머니를 높여 부른 말이다. 시경 국풍 4장에서 인용함.

1593년, 7월 9일, 신유, 맑음. (선조 26년)

소식을 듣자하니 비통함이
골수에 사무쳐 말이 나오지 않는다
우수사와 경상수사와 함께 일을 공론하다
이 날 밤바다의
달은 청명하고 티끌 하나도 일지 않아
물과 하늘이 한빛을 이루고
서늘한 바람도 불어오곤 하는데
홀로 뱃전에 앉아 있노라니
온갖 근심이 가슴을 파고들었다

1594년 50세, 1월 12일, 신묘, 맑음. (선조 27년)

조반 후 천지天只께 하직을 고하니
잘 가거라, 나라의 치욕을 크게 씻어라 하고
재삼 타이르시며, 이별하는데 조금도
서운한 기색을 보이지 않으셨다
선창에 돌아와서는 몸이 불편한 것 같아
바로 뒷방으로 들어갔다

1594년, 2월 5일, 갑인, 맑음. (선조 27년)

새벽 꿈에 좋은 말을 타고 바위가 중첩한 큰 산마루에
곧바로 올라가니 아름다운 봉우리가 동서로 뻗어 있고
또 산봉우리 위엔 평평한 곳이 있었다
거기에 앉아 자리를 잡으려다 깨었는데
무슨 징조인지 모르겠다
또 한 미인이 혼자 앉아서 손짓하는데 나는 소매를
뿌리치고 응하지 않았는데 우습다

1594년, 50세, 10월 4일, 무신, 맑음. (선조 27년)

곽재우, 김덕령과 함께 약속하되
군사 수백 명을 뽑아 육지에 내려 산으로 올라가게 하고
선봉을 먼저 장문포로 보내어 들락날락하면서 싸움을 걸게 했다
늦게 중군中軍을 거느리고 진격하여 바다와 육지에서 서로 호응하니
적의 무리들은 갈팡질팡하여 기세를 잃고 동서로 분주한데
육지의 병사들은 한 놈의 왜적이 칼을 휘두르는 것을 보고
다시 배로 내려오는 것이었다
날이 저물어 칠천량으로 돌아와 진을 쳤다

1595년, 51세, 7월 초 1일. (선조 28년)

잠깐 비가 왔다. 나라의 제삿날이라 공무를 보지 아니하였다
홀로 다락에 기대어 나라 정세가 아침이슬같이 위태로운데
안으로는 대책을 결정할 대들보가 없고
밖으로는 나라를 바로잡을 만한 주춧돌이 없음을 생각하니
사직이 장차 어떻게 될 줄 몰라 심사가 어지러웠다
종일 누웠다가 앉았다가 했다

1596년, 52세, 4월 19일, 을묘, 맑음. (선조 29년)

습열濕熱로 인해 침을 20군데 맞았다
속에 번열이 나는 것 같아 방으로 들어와 종일 나가지 않았다

어둘 때에 조계종이 와 보고 돌아갔다
종 목년과 금화, 풍년 등이 와서 내 앞에 나타났다
이 날 아침 남여문에게 秀吉(풍신수길)이 죽었다는
말을 들었다
기뻐 뛰지 않을 수 없다
이 소문이 진작부터 퍼졌는데 아직
확실한 기별이 오지 않았다

1597년, 53세, 4월 1일, 신유, 맑음. (선조 30년)

옥문을 나와 남문(남대문) 밖 윤관의 종의 집에 이르러
조카 봉과 아들 올, 윤사행 원경과 함께 한 자리에 앉아서
오랫동안 이야기하다
지사 윤자순이 와서 위로하고 비변랑 이순지가 보러 오다
슬픔을 이길 길이 없다
지사가 돌아갔다가 저녁 식사 후에 술을 가지고 다시 오다
기헌이도 오다. 정으로 권하여서 사양할 수 없어
억지로 술을 마시고 몹시 취하다
영광 이순신李純信이 술병을 차고 와서 함께 취하여 위로해 주다
영의정 유성룡이 종을 보내 위로하고 판부사 정 탁
판서 심회수, 찬성 김명원, 참판 이정형, 대사헌 노 직
동지 최 원, 동지 곽 영이 사람을 보내어 문안하다
취해서 땀이 몸을 적시다

1597년 10월 14일, 신미, 맑음. (선조 30년)

새벽 두 시경 꿈에 내가 말을 타고 언덕 위를 가다가
말이 발을 헛디뎌 개울 가운데로 떨어졌다
엎어지지는 않았는데 막내아들 면(葂)이 붙들고
껴안는 것 같은 모습을 하고 있는 것을 보고 잠에서 깨었다
저녁에 천안으로부터 사람이 와서 집안 소식을 전하는데
겉봉을 뜯기도 전에 뼈와 살이 먼저 떨리고 심기가 혼란해졌다
면의 전사를 알렸다
슬프다 내 아들아, 나를 버리고 어디로 갔느냐
남달리 영특하기로 하늘이 이 세상에 놔두지 않는 것이냐,
내가 죄를 지어 앙화가 네 몸에 미친 것이냐
내 지금 세상에 살아 있으나 어디에 의지할까

1597년 11월 17일 정유, 맑음. (선조 30년)

어제 복병장 발포 만호 소개남과 당진포 만호 조효열 등이
왜군의 중선 한 척이 군량을 가득 싣고 남해로부터
바다를 건너는 것을 한산도 앞까지 추격하였다
왜적은 기슭을 타고 육지로 올라 도망갔고
잡은 왜선과 군량은 명나라 군사에게 빼앗기고
빈손으로 돌아와 보고하였다

시인의 눈과 생각

6월 한날 찾아갔던 남해군 설천면 노량리
가슴 피 덜 닦여 公의 시신이 멈추었던 작은 집
충렬사忠烈祠 '補天浴日'하얀 천이 걸려 있었다

순간 나는 公처럼
깁은 옷 백성과 함께한 사람만이, 참말
나라와 나랏말 치욕 깁고 씻을 수 있다는
낮은 사당 앞에 고개 숙여 두 손 모았다
유월 하늘 아래 충렬사 나뭇잎들 푸르렀다

나는 아내에게 때를 꼭 알고 맞춰서 잘 털어야 하는
이곳 녹두와 참깨를 조금 사서 집으로 가져 가자고 했다

충무공 이순신의 일기는 1597년 11월 17일, 이 날짜로 절필되고 이틀 후인 11월 19일 새벽 노량해전에서 전사한다. 이 글은 난중일기 영인본과 서울대출판부 이순신의 일기 등을 참고로 하면서 필자가 임의로 몇 날의 공의 일기를 선택하였고 선택한 일기 중에서도 그 일부를 인용하였다. 참고로 부산 동래성이 함락되기 직전 당시 동래부사였던 송상현이 부채에 아버지를 위해 남긴 시를 소개한다. 외로 된 동래성 달빛이 흐린데(孤城月暈), 이 큰 성을 구할 길이 없구나(大鎭不救), 군신의 의가 너무 위중하여서(君臣義重), 낳고 키워주신 어버이 은혜가 오히려 가볍도다(父子恩輕).

餘滴 · 셋.

주역 64괘에서 수신제가 치국에 관련 괘 상卦象들

천택리괘天澤履卦(☱ 이상세계)

위에 하늘이 있고 아래는 연못이다
하늘은 언제나 나라의 상징이고
호수는 사람의 마음을 상징한다

이것을 칸트는 하늘에 반짝이는 별과
내 마음 속에 사는 도덕률의 별이라 했다
이履는 예禮다. 작은 신발履이 온몸을 받들고 가듯이
자기를 이긴 사람이 나와야 천국, 극락을
지상에 이루는 이상세계를 회복할 수 있다
하늘에는 별이 빛나고 호수에는 물이 찬다
그곳에 별이 비친다

그 별을 내 속에서 보는 것이
나와 나라에 대한 사랑과 조화요
평화이며 이상세계의 땅에서 실현이다

천화동인괘天火同人卦(☰☲ 인간)

동인은 다 같은 사람이란 뜻이다
사람은 누구나 꼭 합쳐져야 된다
불꽃은 언제나 하늘로 올라간다

불은 지혜다
불은 올라가는 것이면서 또 내려오는 것이다
이 오르내림을 잡는 것을 유학은 中正이라 한다
이것이 광화문에서 광화 얼을 위한 문의 상징이요
과불급이 아닌 중정中正의 세계다

동인同人은 사회적 동물로 인간이다
음식점이나 목욕탕에서 보는 인간의 모습이다
그러나 인동人同은 이성적 동물로 인간이다
빛, 힘, 숨으로 생각, 정신, 어른다움의 추구이다
모든 일의 핵심과 시종은 정직이다

사람은 누구나 하늘에서 온 불이요, 다시
하늘로 올라가고 올라가야 하는 존재로서 불이요, 빛이다
이것이 사람을 사람답게 하는 기독교와 유학의 공통점이다

뇌수해괘 雷水解卦 (살신성인 殺身成仁)

물 위에 우레가 있는 형상이다
큰 아들과 가운데 아들이니까 어른들의 세계다
아이들이 할 일은 올라가는 것이고
어른들이 할 일은 내려오는 것이다
우레는 힘을 번개는 빛을 나타낸다
어른의 특징은 힘과 사랑 지혜이다

빛과 힘과 사랑으로 세상과 만물을 살리는 것이 해解이다
해는 해갈이요, 갇혀 있는 것을 풀어 주는 해방이다
비가 땅의 만물을 해갈시키듯 해방은 내 안으로 돌아오는 것이다
결국 해방은 내가 나를 결박했던 나를 푸는 것이다
내가 일어서고 싶으면 남을 일으켜 주고
자기가 달리고 싶으면 남을 달리도록 했고, 어른이란
어떤 자리 어떤 위치에 있든지 한없이 겸손하고
백성들의 일을 볼 때는 공경스럽고 충성을 다하는 정직함이다
내가 죽어 세상을 구원하겠다는 것이지
내가 살아 세상을 구원하겠다는 것이 절대 아니다
십자가의 죽음이 어른의 내려오는 세계요, 살신성인의 세계다
나를 얽매 죽이는 악마를
밖에서 찾는 것이 아니라 안에서 찾는 것이다
이것이 빛, 힘, 숨으로 터져나가 스러지는 광화,
광화문의 푸른 힘이다

뇌지예괘雷地豫卦(☷ 기쁨)

 땅 위에 우레가 있는 형상이다
기운이 자꾸 뿜어 나오는 것이 '기품'이요, 기쁨이다
예豫는 화락한 세계가 되기 위해서 준비를 해야 한다는
즉 열락이라는 뜻이다. 열락의 뜻에는
향락에 빠져 타락한다는 뜻이 진드기처럼 숨어 있는 괘다

순리열동順理悅同이란 음악으로 다스려져야 한다
모든 일은 리듬 감각이 중요하다는 말이다
이것이 광화문에서 광화의 상징으로
우리글 정음 훈민의 문화의 세계다

뇌풍항괘雷風恒卦(☳ 부부문제)

 위가 번개요, 아래가 바람이다
法은 물이 흘러가는 것을 글자로 나타내서
흘러가지 않는 불변의 법을 만든 것이다
이것이 불역이요, 태극이다

남편과 아내가 서야 하는 위치는
상호보완이란 믿음 안에서 정직성이다
항恒은 남녀가 부부로 또 부모로 흐름 속에서
영원함이란 것을 알고 붙들게 되면
음양 상보에 따라 천지만물이 변화하는

오묘한 이치를 잘 알게 된다는 말이다
이것이 주역의 핵인 능변여상能變如常의 사상이요,
부부의 동행이다
즉 가정의 양극인 상극과 상생의 존재가 불역과 변역이요
변증법적 상승 가치가 간이簡易로 남녀의 교합이다

팽이는 얻어맞아야 쓰러지지 않고 바로 서 돌아간다
이런 삶의 이치를 키에르케골은
신은 사람을 사랑하지만 발꿈치로 차는 사랑이다 는
표현을 했다
발뒤꿈치는 힘이 뭉치는 아킬레스 힘줄이 버티는 곳이다
이것을 장자는 진인眞人은 발뒤꿈치로 숨을 쉰다고 했다

주역의 몇 괘를 비유로 들었지만 이것이 광화문을 지키고 마음에 모시며 사는 깬 사람의 모습이다.
유영모 선생은 간이가 통어하는 우리 삶의 핵심을 '꼭대기'라고 했다. 주역의 표현으로 말하면 흐르는 물(變易)이 흐르는 법을 지킬 때(不易)만 생명을 살리는 물(簡易)의 역할을 한다는 것이다. 참 좋은 표현이다. 우리말 꼭대기란 산의 정점을 말하면서도 "내가 손을 꼭 대야 할 곳에 손을 대어 선택한다."는 뜻의 하늘말씀이라 했다. 이것이 나와 집안 나라, 나아가 신을 섬기는 '나다움과 사람됨'으로 나를 내려놓음이요, 하늘을 우러러 簡易를 실현하는 삶이다.

餘滴 · 넷
훈민정음의 지도리
홍익인간의 기하학적 해설도

단군의 건국이념인 홍익인간이란 말 속에는 바람처럼, 빛처럼 스미어 통한다는 풍류정신이 바닥에 깔려 있다. 대표적 예로 삼국유사에 있는 단군 탄생의 신화인 '붉'사상을 들 수 있다. 이것이 우리가락 풍류의 정신이다. 고운 최치원은 우리 풍류도의 밑바닥에는 유, 불, 선의 사상이 우리 땅 우리식으로 토착화되었다는 말로 해석했다. 화랑을 풍류도風流徒라고 한 것도 홍익인간에 근거를 둔 것이다.

그리고 이 풍류라는 말 속에는 또 민요 아리랑으로 대표되는 우리민족의 정서인 '바람처럼'이란 수평으로 한과 '빛처럼'이라는 흥이 시루떡의 층간처럼 수직으로 쌓여 있다. 그러나 필자는 단군의 홍익인간 이념을 조금 다른 관점, 즉 유학이 말하는 사람이 하늘과 땅의 허점을 깁는다는 '사람됨과 사람다움'의 빛으로 오르는 삼 단계로 해석해 보려 한다.

필자가 보는 세 계단으로 홍익이념의 개략이다.
① 몸이 먼저 마음이 뒤에 둔 소아小我의 단계
② 마음을 위해서 몸을 묶어두는 무아無我의 단계
③ 이 둘의 관계가 변증법적 지양止揚의 과정으로 맘↔몸의 조화, 즉 풍류정신으로 대아大我라는 마지막 단계다.

나는 이 사람다움과 됨의 세 계단 혹은 단계를 시집 광화문에서 광화光華라는 말로 묶어 해석, 형상화해 보았다. 이런 세 단계의 홍익이란 전제는 '나와 너'라는 개체 안에 있는 셋이란 전체를 드러내 보려는 나의 생각이었다. 이런 전체와 개체로 셋 속의 하나와 하나 속의 셋의 구조가 우리글 훈민정음의 기본구조이며 문틀이다. 또 홍익에서 이로울 익益 자는 그릇에 물이 넘친다는 뜻의 회의문자면서 글꼴이 신묘하게도 광화문 기와 2층집의 모습처럼 생긴 글자이기도 하다.

단군릉을 복원 성역화한 북한이 붙들고 있는 우리민족끼리의 주체사상이라는 말이나 또 북쪽이 붙들고 내세우는 우리식 사회주의라는 말에도 홍익인간과 언맥言脈이 닿아 있다는 것이 내 작은 생각이다. 언맥이란 지금 북한에서 사용되는 북한식의 토착 언어 표현을 나름대로 내가 해석해본 조어법이다. 이런 관점에서 볼 때 단군릉의 복원과 주체사상, 외래어표기의 주체화 등은 배달민족의 적통嫡統 즉 정통성을 북쪽이 가졌다는 증거로 삼으려는 저들의 의도도 보인다.

한편 남한의 사이비 기독분자들은 한 자치단체가 세운 단군 동상을 우상이라고 훼손한 적이 있다. 참으로 이것은 그 근본을 모르는 어리석은 철부지들의 짓거리였다. 그런 철부지들은 그들의 속 마음에 박힌 편견이란 우상부터 제거해야 한다. 내가 나를 괴롭히는 말일지 모르지만 남북에 대한 이런 나의 관점과 평가는 흰 머리 늙은이의 소갈머리 없는 잠꼬대의 말이 되기를 또한 두 손 모으며 하는 말이다.

단군이 국시國是로 내건 홍익인간이란 널리 사람을 이롭게 한다는 뜻으로 이해되고 있다. 그러나 그 속에는 이미 지구촌의 시대 즉 글로벌식으로 열릴 세계를 예견한 말씀이었다. 이것이 유태민족의 남은 자 사상과 관련된 우리 조상들의 열린 지혜다. 아울러 사람들 속에는 약육강식이란 수평으로 과학적 동물성과 또 수직으로 오르는 식물처럼 영성의 양면을 가지고 있다. 이것을 양성하는 방법이 단군의 홍익인간 이념이다. 즉 맘↔몸으로 수직 수평의 균형이 광화요, 그런 사람으로 만든다는 것이 홍익의 이념이란 내 생각이다. 한 날 나는 유태 철학자 스피노자의 '에티카'를 읽었다. 그는 유태민족이 간직해 온 그들만의 선민윤리학의 울을 넓히되 시계의 시침이나 초침을 활용, 기하학적 방법으로 유태 율법의 윤리를 해석하려고 했다. 나도 한 번 훈민정음의 정신이 우리 경전으로 정립되기를 바라는 심정으로 훈민정음 창제 바탕인 홍익인간 이념을 기하학적 모형으로 그려보고 싶었다.

훈민정음의 지도리, 홍익 모형도

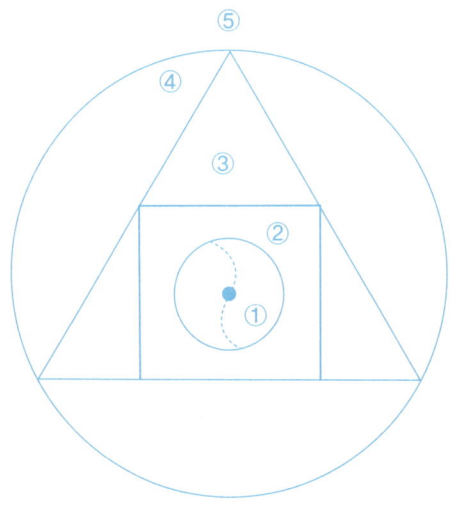

　내가 그려본 홍익인간의 기하학적인 모형도다. 모형도는 하나의 큰 원을 원 안에 한 개의 정삼각형, 삼각형 안에 정사각형, 그리고 정사각형 안에 또 작은 원을 그리고 그 원의 한가운데 점 하나를 찍는 그림이다. 그리고 4계절이 분명했던 우리나라 춘하추동을 ∞의 점선으로 그렸다. 홍익인간의 이념을 기하학적으로 그렸을 때 각 도형들이 내포하고 있는 뜻과 도형들의 관계와 관계에 대한 작은 해석이다.

　① 도형 가장 안쪽의 '•'이다. 아래아는 처음 홍익사상과 훈민정음의 배경이 주역이라 했을 때 그 역의 무극이면서 태극으로

훈민정음과 홍익이념의 구심점이다. 즉 ᄀ온찍이點心이다. 불역이면서 변역이 내재되어 있는 간이의 모습이요, 태양계에 속한 지구의 입장에서 해의 역할이다. 이 무극이면서 태극을 본떠 형상화한 것이 우리 한글 모음 세 기본자의 으뜸인 아래아 '•'의 형태다.

훈민해례에 보면 혀를 최대한 목구멍 쪽으로 끌어당겨 내는 음이 아래아 'ㅅ'의 음가요, 음역이이라 했다. 아래아는 노자가 말한 입으로부터 목구멍을 거쳐 가슴 속까지 과정의 소리인 '힘, 숨, 빛' 의 주체로써 현玄의 상징인 사람의 의미다. 우리말 아래아 •는 이렇게 유현幽玄으로 빛깔과 소리라 할 수 있을 것이다. 왜냐하면 우리글 훈민정음의 밑동은 주역의 원리에 의해서 창조되었기 때문이다.

② 작은 원으로 ○은 점 '•'을 둘러싼 원으로 변역과 교역으로 점 '•'의 균형을 잡고 있는 상징으로의 모습이다. 원심력의 모형으로 그려 보면 ⊙이요, 구심의 모형으로는 ⬤의 모습이다. 또 태양계를 둘러싼 은하계의 모형이라 해석하는 이도 있다. 성서에 대입해 본다면 아담이 추방되기 전 에덴동산의 모습이라 생각할 수 있다. 나는 광화문 시에서 우리글 자음 ㅇ을 지붕(집+웅) 위를 스치는 바람 소리인 '웅'의 처음에 나는 소리로 보았다. 우리글 어금닛소리인 ㆁ소리는 한글을 웅소리라 할 때의 ㅇ소리이다. 또 산스크리트어의 오옴과 히브리어 야웨라는 말과도 동격의 위치에 둘 수 있는 윗자리 하늘 말씀으로 나는 보며 받아들이고 있다.

이 ⊙과 ⬤의 균형이치를 나는 광화마음이라 보았고, 훈민정음의 창제정신이며 성서의 낙원사상이라 생각한다.

사방으로 인지되었던 땅은 본래 네모남이 아닌 점 'ㅇ'의 집합이었다. 즉 사각형으로 인식했던 땅을 정삼각형으로, 이것을 다시 이등변삼각형으로 자꾸 나누다보면 결국 모든 것은 작은 원의 총합이란 생각이다. 이것이 본래 이응 'ㅇ'에서 출발한 땅의 모습이다. 어머니 사각 가슴에 달린 둥근 유방처럼 무진장이다. 이것이 사람의 맘↔몸의 결합이다. 몸↔몸의 모남만으로 깨어지고 뭉개지는 것이 밀턴이 말한 실낙원이다.

③ □은 땅의 형상인 □이요, 사람이 땅의 모형을 따라 만든 것이 집이다. 이 사람의 '몸나'만으로 만든 집을 불교는 화택이라 했다. 불교의 탐진치貪瞋癡, 살도음기殺盜淫欺의 불집火宅인 땅의 '몸나'에서, '맘나'를 건지는 방법으로 불교는 도피안到彼岸을 설정하였다. 연꽃을 인용, 연꽃이 지닌 네 성정을 들어 설명하고 있다. 단테는 삶의 승화 혹은 정화과정을 지옥과 천국으로 나누고 사이에 연옥을 열어 두고 있다. 스피노자가 본 당시 유태교는 신을 내세워 옥죄었던 원죄와 십계명으로 사람을 묶은 율법의 세계였다. 그러나 네모 땅에 사는 사람의 가능성을 연 예수의 새 복음서는 사랑과 이웃사랑으로, 사람이 희망이라는 유학은 인례의지 4단의 선한 마음으로 사람의 마음 오욕칠정을 잘 통어할 수 있다는 이론을 전개해 두었다.

한글창제 배경이 되고 있는 성리학은 기독교의 유신론적 이원론 신관과는 달리 ~되고(心卽理, 양명의 입장), ~되려고 한(性卽理, 주희와 퇴계의 입장) 사람 안에서 "사람이 희망이다."란 단추를 끼려고 했었다. 이것은 주역의 '易은 역逆이다'란 말에서 유학적 사고의 근본을 잘 형상화하고 있다. 역이 배경이 된 우리 정음문자에는 이런 광화 마음의 나, '나됨과 너다움'으로 나와 너의 위치를 높이와 깊이로 확장하려는 넓고 높은 홍익인간의 심성이 깔려있다. 사각형 口으로 땅덩이를 이해했던 천동설은 이집트 피라미드를 오리온성좌에 따른 배치법처럼 결국 삼각인자三角因子로 땅을 인식했고 사람과 하늘을 보았던 우주관이다. 단테의 신곡, 밀턴의 실낙원과 우리 훈민정음의 28자의 스물여덟 별자리 수의 모형도 이 천동설 우주관 속에서 탄생된 것이다.

④ △은 사람들의 질료인 흙의 성정이다. 유 무신이란 입장에 따라 다르겠지만 성부, 성자, 성령의 삼위일체 사람 모습으로 온 예수의 모형을 탄생시켰고, 우리 식으로 말한다면 환인, 환웅, 환검인 단군의 기능과 가능 지평의 상징이 되었다. 참으로 우리말 훈민정음은 하느님이 "내가 너희들을 선택한 것은 너희들은 천신의 아들이다."라는 예표로 준 옹소리로 우리말글이다. 우리말 정음에서 모음의 天, 地, 人 삼재사상이나 자음 3단계 구조인 예사소리, 된소리, 거센소리의 형식과 그 점진적 내용으로 삼각구조이다.

즉 우리글 훈민정음은 모남으로 사각인 사람의 성정을 완전 숫자인 삼각의 온전함으로 만들었고, 한글 자모의 삼각구도는 무극 점에서 출발 하늘이 우리에게 준 하늘계시의 문자이다. 그러나 지금 우리글은 반치음 △의 음과 글자를 잃은 상태가 되고 말았다. 반치음 △은 치음인 ㅅ과 ㅈ으로 치우침을 막는 중용(ㄱ온쩍이)의 소리이다. 우리말 반치음 '△'을 상실한 지금 젊은이들의 ㅅ, ㅆ, ㅈ만의 거친 말법과 우리 사회의 언어적 편견과 편으로 찢어 가름의 삶을 보면서 나는 △의 음가가 상실되었음이 아쉽고 안타까운 마음의 하루하루다.

　지난 해 나는 이집트를 갔다가 모래바람 속에서 견디고 있는 세 개의 웅대한 피라미드의 배치도가 하늘의 오리온성좌星座의 위치를 따라 만들었음을 듣고 보고 알았다. 또 피라미드를 출입하는 문은 하늘에서 밝은 별 중 하나인 시리우스 성좌에 맞춰 출입문을 내었다는 말을 듣고 보면서 더욱 우리말이 하늘로부터의 선물이요, 우리의 성정이 광화, 즉 하늘을 향해 열려 있어야 함을 생각했다. 그리고 우리글 △의 음가와 글자가 상실됨을 안타까워하는 사람 중 하나다.

　⑤ ○은 전체를 안고 있는 외연으로 큰 ○이다. ○은 점 '•'과 작은 원 '⊙, ☯' 사각과 삼각을 체득과 체인으로 바깥의 원이다. 점과 원, 사각과 삼각을 거느리고 있는 ○은 예컨대 우리 어머니들의 열두 폭 치마이면서 통치마로 자식을 감싸는 모습이다. 또 우리 민족이 세계를 향하여 열린 마음으로 광화의 문화를 심고 지켜야 하는 시간, 공간, 인간을 넘어 있는 종교의 세계 즉 ○(靈과 零)으로 4차원의 세계다. 이런 관점에서 나는 훈민정음의 본문인 예의例義 405자 해례본을 민족의 경전으로 하자는 생각이다. 그래서 나는 108편 광화문의 시 속에 28 자모를 여러 모습으로 다루어 써 보았다. 나아가 한글은 우리가 천신족이었음의 증거와 어떤 소리라도 표현할 수 있는 음가를 가졌음을 말하고자 했다. 이것이 옹소리로서 정음의 4차원이다.

　　점点, 작은 원, 4각, 3각 그리고 큰 원을 가슴에 안고 하늘을 우러러 살아가는 우리 민족의 성정은 세계 여타 민족보다 두뇌의 회전이 빠르고 뛰어날 수밖에 없다. 또 광화 2층집의 더할 익益의 형상도 나는 우리 문화를 화華로 빚어 올리는 홍익인간의 이념으로 해석하려 했다. 이 더할 익益 을 광화문에서는 '化'라는 중요성으로 인지認知, 64개 해설 중 우듬지에 놓았다. 우리의 광화문의 광화는 전체를 포괄하는 홍익인간으로 둥근 문이요, 불교의 진공묘유요, 원융무애圓融毋碍의 세계다. 또 사람의 4각 가슴이 우리말 자음 ㄱ과 ㄴ의 상형으로 상징이다. 이 기역과 니은의 합쳐짐이 작은 천지인, 성부, 성자, 성령의 세계인 빛, 힘, 숨으로 너와 나 가슴 모양의 땅이다. 이것이 우리글자 'ㄹ中'이다.

  가운데의 · 로부터 ⊙, □, △, ○까지 우리글의 기하학적 모형도, 이것은 천, 지, 인의 하나이면서 셋의 질서였다. 홍익인간의 이념은 단군이 나라를 세우면서 내세운 뜻이었지만 결국 하늘 계시 훈민정음의 배경이 되었다. 또 세계로 문을 여는 글로벌 언어의 위상을 품게 되었다. 이 일은 누가 해 주는 것이 아니라 우리가 몸소 해 내야 한다. 필자가 기하학적으로 정립해 본 우리글 정음의 홍익인간의 모형도, ·로부터 ⊙, □, 그리고 △, ○의 관계와 관계는 결국 '맘↔몸, ㄹ'의 됨과 다음으로 사람 모습이면서 우리글 모음 삼재와 자음의 여럼에서 셈, 거셈까지 세 음계요, 다섯 음역의 기본모형이다. 또 필자가 108편의 연작시 결미 부분에 그려 본 광화광장에서 청계광장 한 곳에 세우고 싶은 백의민족의 광화 동상으로의 모습이요, 우리 민족이 세계를 안고 열어나갈 한과 흥의 신바람으로 풍류정신이다.

餘滴 · 다섯
나의 독서 공간

 솔직히 정음과 광화, 광화문 시들의 탄생 배경에는 1984년부터 2009년 가을까지 24,5년 동안 내가 현재(鉉濟는 선생님의 아호다. 현제란 아호는 선생의 스승이며 한글로 철학하기의 유영모 선생이 짓고 '하늘 계시 혹은 말씀'이라 풀이했다.) 김흥호 스승님의 이화여대 연경반研經班 강의를 따라다니며 듣고 읽으며 배우고 생각했던 것이 밑힘이 되었고, 입힘이 되었다.

 2007년 가을 한 날 현재 선생의 말씀이었다. 우리의 생을 정리해 가는 마당에서 '당신의 일생은 어떠했는가,'라는 질문을 받을 경우나 자문자답을 해볼 경우가 있을 것이라고 했다. 즉 내 삶의 매듭을 몇 마디 언어로 묶어야 하고 묶어 볼 때가 있을 것이란 말씀이었다. 그 때 그 자리에서 혹자가 나에게 당신이 땅에서 붙들고 살아온 스승이 누구였느냐고 묻는다면 체로금풍體露金風, 즉 동짓달 가지처럼 나이테에 이르러 나의 스승은 누구였다. 라고 선뜻 대답할 수 있을까를 자문자답해 보라는 말씀이었다. 뇌리에 메아리처럼 남는 말씀이었다. 내가 이 광화문을 배경으로 민족의 화해와 치유의 시를 구상하고 쓴 배경에는 현재 스승님을 따라다니며 붙잡은 빛, 힘, 숨이란 '옷틀'이 나에게 오롯 밑힘이었음을 재삼 고백한다.

김응호 선생의 이대 연경반에서 강의 모습

　공자는 동양사상의 큰 물줄기인 유학이 이루어지고 뭉쳐지게 했던 종주면서 스승 중의 스승이라 하여 성균관 대성전 선왕선현 위패봉안위차도位牌奉安位次圖에는 공부자孔夫子니, 문선왕文宣王이라 했다. 예수도 다윗왕의 족보라 하여 '왕 중 왕'이란 말을 쓰고 있다. 그러나 예수에게 나는 왕이란 말보다 스승 중의 스승이라 할 때 그 폭이 깊어지리라는 내 생각이다. 왜냐하면 종교의 가치는 높이나 넓이가 아니라 깊이이기 때문이다. 그래서 나는 예수를 구세주라는 큰 스승의 관점에서 인자人子 예수를 그리스도로 믿는 사람이다.
　큰 스승인 공자의 논어에서의 고백이다. 그는 꿈에도 주역의 384 효사를 쓴 주공을 만나 보기를 원했다. 또 공자는 그가 제자들을 가르치기 위해 산정刪定 편집한 중화의 꽃이요, 열매인 사서삼경에 대하여도 그는 술이부작述而不作으로 답을 하고 있다. 공자도 처음은 중국 춘추시대 제자백가의 한 사람으로 출발이었다. 그러나 그가 스승 중 스승이란 칭호의 공부자로 추앙받은 것은 공자가 주역을 위편삼절의 과정에서 그의 생각이 영글었다는, 그의 고백적인 말이다. 유학이 보는 이 과정적 존재로 사람의 존재와 가치는 제자백가 중 한 사람이었던 공자를 공부자로 되게 했던 것이다. 즉 공부자는 '됨과 나다움으로' 사람의 가치를 평가하고 사람을 세워 보았던 사람신뢰의 귀중함을 알았던 사람이다. 또 그는 그의 삶을 주역의 대성괘 여섯 매듭으로 묶어 빛, 힘, 숨을 생각하고 실천했던 사람이었다.

유태 철학자 스피노자 또한 유태 민족의 율법의 삶을 기하학적 윤리학으로 정립한 사람이었다. 이 일도 그의 지행의 삶에서 터져 나온 결실이었다. 즉 사람은 누구에게나 신인합일의 가능성으로 신인神人과 인신人神, 혹은 인자人子의 인자因子를 품고 있다고 본 것이 그의 생각이었다. 이것이 신이 주신 자연이요, 자연의 질서를 통해 신을 보는 스피노자의 생각이었다. 자연에서 우상이나 운명을 지양한 후, 천명을 붙잡은 사람다움으로 삶의 길에 신의 섭리가 있다는 것이다. 즉 사람다운 사람의 스승이나 경전을 붙잡고 그 높이와 깊이, 그리고 그 넓이를 보는 사람 신뢰의 위대함을 공자와 스피노자는 알았고 실천했던 사람들이었다.

이런 '너다움과 나됨'으로 스승을 붙잡고 생을 다하여 공부하고 생각했던 스승들이 있는 나라가 경전이 있는 나라 사람들이었다. 이것이 중국을 중국이게, 유태를 유태이게 했던 경전으로 성서와 중화사상이었다. 우리는 중화로부터는 동이족 칭호를 받았다. 그러나 내가 보고 생각하는 동이東夷(큰 활을 든 동쪽 사람)가 우리민족의 장래란 생각이다. 왜냐하면 우리에게도 훈민정음 본문인 405자 경전이 있어서 우리는 민족 가능 지평인 광화문을 열고 닫는 광화사상을 보듬어 길러 왔다. 이 밑힘이 있어서 우리민족은 세계의 문화에 공헌하는 빛, 힘, 숨틀이 될 것을 나는 확신하는 사람이다.

  이 훈민정음 속 자주, 애민, 실용의 광화사상이 지금까지 그리고 앞으로 내가 써 보려는 내 삶과 시적 진실의 경험 층이다. 시의 존재 가치는 지금이란 틀 속에서 말하지 않아야 할 것과 보지 않아야 할 것을 보고, 말하며 써야 한다는 것이 나의 시적 신념과 진실이다. 또 유아독존 자격으로의 시인의 입장이다. 즉 시인의 존재 가치는 평화로운 때는 한갓 장식품이지만 나라가 어려운 때는 예언자가 되어야 한다는 말씀이다. 시 속의 예언이란 흙탕물로 흘러들어가는 한 줄기 샘물이요, 그 샘 줄기에서 오르는 한 줄기 푸른 갈대라는 생명의 탄생이다. 이 일을 위해서는, 역설적이지만 지금이 있기까지 기록된 민족정신의 정사正史와 유사遺事를 살펴보고 산정하는 일에 충실, 또 최선을 다해야 한다. 나아가 문헌을 내 속에 모셔오되 그것을 언묘조장偃苗助長만 하지 않아야 한다는 것 또한 나의 한결 생각이다.

  광화문의 시들 속에 많은 주석을 단 이유는 이 술이부작의 큰 뜻을 나부터 마음 속에 다져 두자는 이유였다. 이것이 내가 보고 생각한 하늘글자 훈민정음과 우리 민족 속에 있는 화해를 위한 여밈으로 재운 빛이요, 치유를 위한 저밈으로 솟는 힘터 광화사상이다. 또 광화문 한 모서리를 붙잡고 시를 쓴 나의 부끄러움이었으며, 꼭 써야만 했던 괴로움이었다. 그리고 이 책에 조금이라도 가치가 있다면 내가 보고 만진 존재의 틀, 즉 여러 측면의 생각을 일실천등一室天燈의 마음으로 해석하고, 하나의 민족미학의 꼭대기로 남기고 싶은 마음이었다. 내가 나와(我, 出) 너 안에 능변여상能變如常의 있음으로 오늘이요, '오! 늘'의 존재로 시인의 한결 마음이었다. 너다움에 대한 기다림으로, 고픔과 나다운 나에 대한 고달픔이었다.

餘滴 · 여섯

참고 문헌

1. 훈민정음訓民正音 (통문관)
2. 훈민정음의 구조원리 (이정호, 아세아문화사)
3. 세종대왕 (홍이섭, 세종대왕기념 사업회)
4. 난중일기亂中日記 500부 한정판 (영인본影印本)
5. 이순신의 일기 (이명섭 외, 서울대학교출판부)
6. 이순신과 그들 (최석남, 명양사)
7. 전태일 (민주화운동기념사업회, 오름출판사)
8. 신구약성서 (창세기, 출애굽기, 시편, 이사야, 요한복음, 로마서)
9. 성학십도와 퇴계철학의 구조 (금장태, 서울대학교출판부)
10. 퇴계선생언행록 (이윤희 외, 퇴계학연구원)
11. 성학聖學과 경敬 (조남국 외, 양영각)
12. 성리대전 1. 2. 3 (최봉수 역, 이화문화사)
13. 다석전집多夕全集 1 ~ 7 (김흥호 주해註解, 솔 출판사)
14. 주역강해 1. 2. 3 (김흥호, 사색출판사)
15. 설문해자주 (염정삼, 서울대출판부)
16. 정역과 일부一夫 (이정호, 아세아문화사)
17. 왕 필의 노자 (임채우 역, 예문서관)
18. 주역선해周易禪解 (김탄허, 교림출판사)
19. 딸깍발이 선비 (이희승, 신구문화사)
20. 조지훈전집 4. 5 (조지훈, 일지사)
21. 주역강해 1. 2. 3 (김흥호, 사색출판사)
22. 빛. 힘. 숨 (요한복음강해) 1 ~ 5 (김흥호, 사색출판사)
23. 82들의 혁명놀음 (윤태영, 선출판사)
24. 열린 인문학 강의 교재 (이명섭, 이화여대 연경반研經班)
25. 한국문화사대개 1 ~ 12 (고려대학교 민족문화연구소)
26. 조선유학의 개념들 (예문서원)
27. 한국문화상징사전 (이어령, 현암사)
28. 중국사상문화사전 (민족문화문고)
29. 경계선 (이영빈, 김순환, 신앙과 지성사)
30. 도산서원 가는 길 (김 석, 선출판사)

광화문

지은이 / 김 석
발행인 / 김 윤 태
발행처 / 도서출판 선

등록번호 / 15-201
등록날짜 / 1995. 3. 27

초판 제1쇄 발행 / 2012. 9. 15

주소 / 서울시 종로구 낙원동58-1 종로오피스텔 1409호 Tel 02-762-3335 Fax 02-762-3371

값 / 12,000원
ISBN / 978-89-6312-458 2 03810

이 책의 판권은 지은이와 도서출판 선에 있습니다.
잘못된 책은 바꾸어 드립니다.